PROFESORES
Liberar el futuro

ANTÓNIO NÓVOA

Con la colaboración de YARA ALVIM

NARCEA, S. A. DE EDICIONES

© NARCEA, S.A. DE EDICIONES, 2025
Paseo Imperial, 53-55. 28005 Madrid. España
ww.narceaediciones.es

Una primera versión de este libro, con el título *Professores: libertar o futuro,* fue publicada en 2023, por Diálogos Embalados (São Paulo, Brasil).

Traducción: Miguel Á. Zabalza Beraza

ISBN papel: 978-84-277-3309-1
ISBN ePdf: 978-84-277-3310-7
ISBN ePub: 978-84-277-3311-4
Depósito legal: M-19734-2025

Impreso en España
Printed in Spain

Índice

PRESENTACIÓN   **9**

1. La educación y nuestro futuro común   **13**
    Tomar conciencia es liberar el futuro 15
    Cinco temas centrales para ese futuro 15
    Futuros comunes 19
    El espacio público y común de la educación 23

2. Nada sustituye a un buen profesor   **25**
    Recomendaciones para una profesión con futuro 28
    Libertad para educar 35

3. La libertad como principio y como fin   **39**
    Tres veces libertad 41
    Otras tres libertades más 43
    La libertad es un sustantivo, pero también
    es un verbo 45

4. El conocimiento cualificado del profesional docente   **49**
    Para empezar: ¿cuál es el tema central
    de la formación docente? 51
    Para continuar: un conocimiento contingente,
    colectivo y público 59

Un conocimiento contingente 60
Un conocimiento colectivo 63
Un conocimiento público 66
Para concluir. Consecuencias para la formación
docente 68
Coda. Para que todo quede claro 75

5. **Jóvenes profesores. El futuro de la profesión**   **77**
Un tiempo entre dos momentos. El periodo
de inducción profesional 79
Seis puntos que parecen simples 83
Una invitación a las Universidades 90
En conclusión 93

6. **El profesorado después de la pandemia. La
reinvención del futuro**   **95**
Primer movimiento: Andante con moto 101
Segundo movimiento: Allegro moderato 107
Tercer movimiento: Molto vivace 111
Coda 116

7. **¿Y después de la pandemia? ¿Recuperar
o transformar?**   **119**
Y, de repente, la pandemia 121
Lecciones aprendidas durante la pandemia 123
La escuela más allá del modelo escolar 126
¿Esa metamorfosis es aún posible? 128

8. **Profesorado. Ampliar las posibilidades
del futuro**   **131**
La enseñanza como hecho humano 133
Educar humanos por humanos para
el bien de la humanidad 137
Profesorado. Futuros por construir 139

9. **Los profesores y el cambio. ¿Qué papel juega la formación del profesorado?** **143**

Políticas educativas y organización escolar   144

¿Y ahora? 146

Tender puentes 149

Los docentes y su formación 150

Epílogo 159

10. **Los docentes y la renovación del contrato social de la educación** **163**

El contrato social de la modernidad 165

Renovando el contrato social para la educación 169

Valorar lo común en la educación 172

El papel insustituible de los docentes 175

REFERENCIAS BIBLIOGRÁFICAS **183**

Prólogo

En 1966, la UNESCO (Organización de las Naciones Unidas para la Educación, la Ciencia y la Cultura) y la OIT (Organización Internacional del Trabajo) se reunieron, en el marco de una conferencia intergubernamental especial, para aprobar una importante Recomendación relativa a la situación del personal docente.

Este documento reconoce el papel fundamental del profesorado en el proceso educativo y la importancia de su contribución al desarrollo de la personalidad humana y de la sociedad moderna; y establece directrices internacionales sobre el estatuto, la formación, la carrera docente, las condiciones de trabajo y los derechos y deberes del profesorado.

Aprobada el 5 de octubre de 1966, la Recomendación constituye un hito en la historia del personal docente y de la profesión docente. Para no olvidarlo, en 1994 se estableció el *5 de octubre* como el *Día Mundial de los Docentes*. Cada año, la UNESCO y la Internacional de la Educación (una federación sindical mundial que representa a más de 32 millones de docentes en todo el mundo), lanza una campaña que llama la atención sobre un tema central de la profesión.

Los textos aquí reunidos son una especie de *collage*, de carácter artístico, que iluminan distintas facetas de la profesión docente. Algunos ya publicados, otros inéditos, escritos en distintos momentos y con distintos propósitos, están organizados en torno a los temas elegidos para celebrar el *Día Mundial de los Docentes* en los últimos diez años:

2015: *Empoderar al profesorado para construir sociedades sostenibles.*

2016: *Valoremos al docente, mejoremos su situación profesional.*

2017: *Enseñar en libertad, empoderar a los docentes.*

2018: *El derecho a la educación implica el derecho a docentes cualificados.*

2019: *Jóvenes docentes: el futuro de la profesión.*

2020: *Líderes en situaciones de crisis que reimaginan el futuro.*

2021: *Las y los docentes en el corazón de la recuperación de la educación.*

2022: *La transformación de la educación comienza con las y los docentes.*

2023: *El profesorado que necesitamos para la educación que queremos.*

2024: *Valorar la voz docente: hacia un nuevo contrato social para la educación.*

El libro asume una cierta "circularidad", es decir, el regreso a los mismos temas, a veces para repetir ideas fundamentales, a veces para estudiarlas desde ángulos diferentes. La intención es contribuir a una reflexión sobre los docentes y la profesión docente en un momento de profundos cambios en la educación y en las escuelas. Estamos pasando por un momento de grandes dudas e incertidumbres, que no deben arrastrarnos al desánimo, sino a una movilización colectiva que nos permita abrir nuevos caminos.

No se trata de alimentar visiones fantásticas de un futuro sin escuelas y sin maestros, reemplazados por dispositivos tecnológicos o por el nuevo y fascinante mundo de la inteligencia artificial. Por el contrario, debemos proteger, transformar y valorar la educación como un bien público y común y reforzar el papel del profesorado (Nóvoa y Alvim, 2022).

El filósofo francés Edgar Morin, en uno de sus últimos libros, nos invita a cambiar de rumbo (2020). Cambiar la trayectoria y la vida en las escuelas, con la adopción de un nuevo contrato social, propuesta que hace la UNESCO en su informe sobre el futuro de la educación (2021).

Evitemos la búsqueda obsesiva por la novedad, la idea "futurista" de empezar desde cero. Debemos honrar y ampliar el patrimonio común de la educación pública, construyendo procesos de transformación basados en los miles de experiencias y proyectos que ya existen en nuestras escuelas, en todo el mundo. Desde estas dinámicas, "desde abajo", podemos imaginar otro futuro, multiplicando hasta el infinito las posibilidades de actuar juntos.

Debemos asumir, con valentía; nuestras dudas e, incluso, el riesgo de equivocarnos. El riesgo es una necesidad esencial del alma, nos dice Simone Weil: "La ausencia de riesgo suscita una especie de aburrimiento que te paraliza de manera distinta, pero casi tanto como el miedo" (1949, p. 49).

La escuela del futuro estará hecha de cooperación. Nadie se educa solo. Necesitamos de otros para nuestra educación. Necesitamos profesores. Necesitamos el poder de la relación, del encuentro entre maestros y discípulos. Necesitamos, como escribe Bernard Charlot (2020), ocupar el mundo con humanidad, y cuidarlo, con todas las formas de solidaridad que este término implica: "Éste debe ser el principio básico de la educación contemporánea. Es de educación de lo que se trata, y de educación humana" (p. 323).

Los profesores y profesoras que hoy habitan las escuelas son la generación del cambio. A lo largo de vuestra vida profesional, la educación y la enseñanza cambiarán profundamente. Existe un gran malestar por la falta de reconocimiento a los docentes y toda la incertidumbre que rodea a su futuro. Pero, aun así, debemos ser capaces de un gesto de esperanza. No se trata de un optimismo ingenuo, sino de una esperanza que se aprende y se cultiva juntos. Necesitamos crear un movimiento para transformar la educación. Este movimiento comienza con y entre los profesores.

Lo más importante es poder *liberar el futuro*, subtítulo que adopté para este libro, inspirado en Ivan Illich (1971). Nadie sabe cómo será el futuro y no vale la pena siquiera intentar adivinarlo. Pero tenemos la obligación de hacer todo lo posible para que no se cierren las posibilidades futuras y para garantizar la libertad de las generaciones futuras.

Como bien nos recordó el poeta y artista visual brasileño Wlademir Dias-Pino, la libertad es siempre experimental.

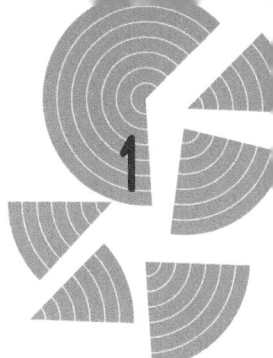

La educación y nuestro futuro común

Cuando un profesor enseña Matemáticas, Física, Geografía, Biología, Economía o Análisis Literario, enseña saberes supuestamente "constituidos" que son de hecho saberes "destituidos": lo que enseñamos hoy en las escuelas a nuestros estudiantes es, desde luego, "destituido" por la realidad, que avanza a una velocidad cada vez mayor.

BERNARD STIEGLER

Este capítulo trata de reflexionar sobre el papel de la educación y del profesorado en la construcción de sociedades sostenibles.

Tras una referencia al futuro, el texto se refiere a la importancia de llevar a cabo un abordaje educativo, basado, en los derechos humanos, y en cinco temas centrales de la Agenda 2030 para el Desarrollo Sostenible: la paz, las alteraciones climáticas, las desigualdades, lo digital, la demografía.

El texto dialoga con el lema del Día Mundial de los Docentes 2015: *"Empoderar al profesorado para construir sociedades sostenibles".* Y termina con un análisis de nuestro futuro y la importancia del espacio público y común de la educación.

En 2015, los países del mundo establecieron un acuerdo en torno a la Agenda 2030, compuesta por 17 Objetivos de Desarrollo Sostenible. Fue un paso de gran importancia, un hito en el multilateralismo. Desde entonces, la mayoría de los documentos e iniciativas de las Naciones Unidas han tenido esta Agenda como horizonte. Naturalmente, ese año el Día Mundial de los Docentes llamó la atención sobre dicha realidad y adoptó como lema *Empoderar al profesorado para construir sociedades sostenibles*.

El 4º Objetivo de Desarrollo Sostenible (ODS4) se ha convertido desde entonces en una referencia para las políticas educativas nacionales e internacionales: "Garantizar el acceso a una educación inclusiva, de calidad y equitativa, así como promover oportunidades de aprendizaje durante toda la vida y para todos". La cualificación y formación del personal docente también se ha convertido en una prioridad de la acción multilateral.

En este capítulo quiero destacar cómo la Agenda 2030 sitúa la sostenibilidad en el centro de las preocupaciones internacionales y, al hacerlo, invita a la educación a adoptar una perspectiva más amplia y reorganizarse para "construir sociedades sostenibles". Si bien sabemos que los objetivos de esta Agenda no se alcanzarán en 2030, este documento ha contribuido significativamente a una comprensión más amplia de las cuestiones educativas y de las acciones de los docentes.

TOMAR CONCIENCIA ES LIBERAR EL FUTURO

Hace unos cincuenta años, Ivan Illich publicó una obra con este título en inglés (*Celebration of awareness*) y otro en francés (*Libérer l'avenir*). Fue el título francés el que prevaleció en la edición portuguesa (*Libertar o futuro*), expresión que yo he utilizado para titular este libro.

Pensar el futuro, y pensar en el futuro, implica este doble movimiento: toma de conciencia y liberación. Conciencia de los retos presentes y futuros, lo que exige afrontar los dilemas actuales sin poner en riesgo las posibilidades futuras. Liberación, que quiere decir, también, deliberación, capacidad de participar y tomar decisiones sobre nuestra vida.

La educación sirve para ayudarnos a proteger y liberar el futuro. No hacer nada que ponga en riesgo el futuro. Hacer todo lo posible para preservar y ampliar las posibilidades de elección y decisión de las generaciones futuras. Estos dos movimientos son exactamente lo opuesto a lo que hemos hecho en los últimos tiempos. Arrastrada por una lógica de supervivencia, impuesta por las crisis sucesivas (financiera, climática, pandémica), la vida contemporánea ha estado marcada por un *presentismo* que reduce la temporalidad social y encierra todo en la inmediatez.

No se trata de criticar la atención al presente de la existencia, de la vida, sino a la actitud de mera supervivencia que ignora y anula el futuro. La educación debe ser capaz de abrirse al futuro, de abrir futuros. Es un trabajo que debemos realizar juntos.

CINCO TEMAS CENTRALES PARA EL FUTURO

Mirando la Agenda 2030, pero también los discursos más recientes del Secretario General de las Naciones Unidas, António Guterres, podemos identificar fácilmente cinco temas centrales que reconfiguran nuestras perspectivas educativas hacia la construcción de sociedades sostenibles.

Antes de reflexionar sobre ellos, es importante resaltar la centralidad de los derechos humanos, de una intención educativa guiada por la defensa y promoción de los derechos humanos. Es en este sentido que el Secretario General de las Naciones Unidas decidió lanzar un gran programa multilateral, llamado *Nuestra Agenda Común*. En este programa orientado al futuro, los jóvenes juegan un papel fundamental.

En su implementación, la educación ocupa un lugar de vanguardia, como lo demuestra el hecho de que la primera iniciativa fue la celebración de la cumbre de las Naciones Unidas, *Transformando la Educación*, celebrada en Nueva York en septiembre de 2022, en la que se hizo mención directa a la importancia de la formación docente como desafío global.

Es necesario llamar la atención sobre el hecho de que, para alcanzar los Objetivos de Desarrollo Sostenible, faltan más de cuarenta millones de nuevos docentes en educación primaria y secundaria. La transformación de la educación solo ocurrirá si los docentes están profesionalizados, capacitados, motivados y apoyados para liderar el proceso y guiar a sus estudiantes hacia el logro de sus metas y a su bienestar personal, afirma uno de los documentos preliminares.

⊙ *Primer tema: la paz.* La educación debe tener como directriz principal la paz, no en un sentido retórico, sino en la posibilidad de organizar la escuela y los ambientes educativos como lugares de convivencia, de aprender a vivir con el otro, con los otros. Lo dijo de manera extraordinaria Ivan Illich cuando escribió el libro *Tools for conviviality* (1973), es decir, la construcción de instrumentos que nos permitan vivir en común.

La educación es uno de estos instrumentos, quizás incluso el más importante.

⊚ *Segundo tema: el cambio climático.* La cuestión del clima ha adquirido recientemente una enorme centralidad. Existe una conciencia mundial de que si no cambiamos de estilo de vida, si no acabamos con una sociedad consumista que depreda los recursos naturales, la humanidad no tiene ningún futuro. La educación de base humanista debe considerar un "humanismo más que humano", que integre los derechos del planeta y de todos los seres y especies. Esta debe ser una línea estructurante del currículo y de la educación, siempre con el propósito de una mayor justicia climática, con el reconocimiento y la inspiración de las comunidades y culturas que siempre han sabido vivir en paz con la Tierra.

⊚ *Tercer tema: la desigualdad.* Con cada crisis —económica, financiera, pandémica, climática…— aumentan las desigualdades en el mundo. Es imposible imaginar un futuro saludable con desigualdades tan marcadas. Muchos futurólogos llegan, incluso, a imaginar un futuro con cuatro quintas partes de la humanidad viviendo con un ingreso mínimo y sin trabajo, reemplazados por robots. Ya no es la utopía del ocio y del tiempo libre, sino la pesadilla de la pobreza y la indignidad.

Combatir las desigualdades significa también valorar la diversidad (de género, de vida, de culturas, de maneras de pensar y de vivir…). Debemos rechazar los identitarismos que nos encierran —"identidades asesinas", que escribió Amin Maalouf (1999)— y valorar las diversidades que nos abren a los otros. Lo común nunca es el mínimo común denominador, sino el trabajo conjunto. Esta es la tarea más grande para la cual la educación debe prepararnos.

● *Cuarto tema: lo digital.* Los avances digitales y de la inteligencia artificial están cambiando definitivamente nuestro futuro. Su uso es muy importante para las nuevas pedagogías y los nuevos ambientes educativos. Pero, a la vez, todos conocemos los peligros de estos nuevos "medios". Es útil citar el discurso de António Guterres en el 77º período de sesiones de la Asamblea General de las Naciones Unidas, pronunciado el 20 de septiembre de 2022:

> "Las plataformas digitales, basadas en un modelo de negocio que monetiza la indignación, la ira y la negatividad, están causando un daño incalculable a las comunidades y sociedades. Discursos de odio, desinformación y abuso, especialmente dirigidos a mujeres y grupos vulnerables, proliferan en las redes. Nuestros datos se compran y venden para influir en nuestro comportamiento, sin respetar la privacidad. La inteligencia artificial podría socavar la integridad de los sistemas de información, los medios de comunicación e incluso la propia democracia. La computación cuántica podría socavar la ciberseguridad y aumentar el riesgo de mal funcionamiento de sistemas complejos".

Necesitamos prepararnos para este mundo. La mejor manera es a través de la educación.

● *Quinto tema: la demografía.* Por último, debemos comprender las inmensas consecuencias de la mayor revolución de nuestras sociedades, la revolución demográfica, con consecuencias sobre la participación en la vida política, social y económica, la transmisión de la riqueza familiar, la dinámica intergeneracional, la vivienda, la salud, el transporte, las ciudades, el consumo y, sobre todo, la educación. Permítanme dar un ejemplo para explicar la escala de esta revolución, utilizando valores promedio en todo el mundo. En 1920, hace cien años, la esperanza de vida era de 40 años: todo ocurría entre dos generaciones. Cincuenta años después, en 1970, la esperanza de vida ya era de 60 años: todo ocurrió entre tres generaciones. Hoy, en 2022, la esperanza de vida ha aumentado a 80 años: todo ocurre entre cuatro generaciones. Y dentro de treinta años, de forma más rápida que en ciclos anteriores, todo apunta a una esperanza de vida de 100 años: todo ocurrirá en el plazo de cinco generaciones.

¿Puede alguien imaginar un cambio más profundo con consecuencias para la educación y el futuro?

Para afrontar estos retos es necesario recuperar una manera de pensar que se proyecte en el largo plazo. Tenemos todos los motivos para ser pesimistas y pocos para ser optimistas. El mundo parece cada vez más desregulado y a merced de todo tipo de dictadores.

Pero denunciar este mundo no debe impedirnos cultivar la esperanza, en el sentido de una de las grandes obras del siglo XX, *El principio esperanza*, del filósofo alemán Ernst Bloch (1954-1959), que nos recuerda la *docta spes*, es decir, la esperanza que se cultiva, que se aprende, la esperanza docta.

FUTUROS COMUNES

Históricamente, el proceso de construcción de la ciudadanía nacional se realizó a través de una escuela que adquirió una forma uniforme (idéntica y homogénea en todo el mundo) y un currículo uniforme (la cultura general que todos deben poseer). El formato escolar se fue consolidando a lo largo del siglo XX, de tal manera que, poco a poco, empezamos a olvidar la existencia de otras formas de educación. Al mismo tiempo, se fueron definiendo las bases de un currículo escolar que asumió configuraciones muy similares en todo el mundo.

En las últimas décadas del siglo XX se produjo un proceso de valorización de un nuevo concepto o idea. Después de la ciudadanía, la economía. En torno al "capital humano" se popularizó la tesis de un vínculo directo entre educación y desarrollo económico, visión que domina las políticas educativas hasta hoy.

La forma de la escuela, el conocimiento escolar y la conexión con la economía deben ser repensados a la luz de las realidades contemporáneas, a través de un proceso de *metamorfosis escolar*.

El *primer aspecto* de la metamorfosis es *el cambio en el formato escolar*. Las escuelas siguen organizándose según modelos que sirvieron en el pasado pero que hoy ya no sirven: espacios cerrados, con el aula como núcleo central, en el que un profesor imparte clases a los alumnos durante un tiempo determinado. El pensamiento dicotómico nos ha hecho perder mucho tiempo. La cuestión no es una enseñanza centrada en el profesor versus el aprendizaje centrado en el alumno. La cuestión está en la construcción de espacios y procesos educativos que permitan a los estudiantes trabajar el conocimiento, entre ellos y con los docentes.

El *segundo aspecto* a considerar es *la concepción del currículo*, no solo como un "conjunto de conocimientos", sino también como un "recorrido del estudiante". Debe haber una base común, pero lo más importante es la adquisición de lenguajes (alfabético, matemático, científico, artístico). No se trata solo de valorar la base "común" de la cultura general, sino sobre todo lo "común" en el dominio de los diversos lenguajes. Los caminos de los estudiantes también deben ser individualizados, permitiendo ritmos y elecciones que son imposibles en un modelo escolar uniforme. Pero esta diferenciación debe ser una apertura de posibilidades y nunca una confirmación de desigualdades de nacimiento. Debemos tener mucho cuidado con los itinerarios que terminan en callejones sin salida.

El *tercer aspecto* es *la valorización de la dimensión humana*. La educación no puede reducirse a una mera formación técnica para el desarrollo económico. Reunamos a una filósofa y a un neurocientífico. Martha Nussbaum (2010) se refiere a la empatía como un elemento decisivo para el aprendizaje. Se asume, por tanto, la importancia de una relación humana que no se limita a la adquisición de técnicas y competencias.

António Damásio (2020) nos habla de las emociones y los sentimientos como desencadenantes del aprendizaje. Con ello, enriquece el fenómeno educativo con dimensiones subjetivas que son centrales en el proceso de conocimiento. La gran enseñanza es aquella que despierta dudas, la que estimula el disenso, la que prepara al estudiante para su vida independiente, nos dice George Steiner (1994). Educar no es solo formar "recursos humanos".

Por un momento creímos que lo digital sería una inmensa ventana a todos los mundos, culturas y conocimientos. La ilusión se convirtió en una pesadilla. Una de nuestras mayores sorpresas es la fragmentación y el hiperindividualismo que reinan en el cibermundo. En las redes podemos ser lo que queramos, transformarnos en héroes exaltados y gloriosos que proclaman su "libertad total" en un universo totalmente monitoreado.

Contrariamente a lo que esperábamos, Internet no ha sido una puerta de entrada a la diversidad, sino más bien un lugar donde vamos en busca de quienes piensan como nosotros y de los argumentos que refuerzan nuestras creencias y convicciones. Hoy, más que nunca, las escuelas deben reconstruir lo común como elemento central de la educación y de la sociedad.

Este común no se refiere a una "comunidad de iguales", sino a una "comunidad de trabajo común", es decir, a lo que hacemos unos con otros, independientemente de quiénes seamos o de dónde vengamos. En este sentido, se basa en un principio de comunicación, de encuentro, no entre personas similares, sino entre personas diferentes. Lo importante es "una forma común de entender", lo que implica la capacidad de enriquecer mutuamente nuestras experiencias personales y la inteligencia del mundo.

Ya no basta con una patria común (ciudadanía nacional). Necesitamos recurrir a otras dos metáforas para explicar lo que se espera de la escuela: una Tierra común y una Humanidad compartida.

La Tierra Común, la tierra-patria de Edgar Morin, nos revela la importancia de la ciencia, de una cultura científica sin la cual no hay aprendizaje. La Humanidad compartida llama nuestra atención sobre la importancia de las artes y el diálogo. En un mundo fragmentado y dividido, las escuelas deben crear las condiciones para *una vida en común*. No se trata de unir artificialmente lo que es diferente, sino de crear entornos que nos permitan trabajar juntos, pensar juntos y compartir una reflexión sobre los mismos objetos.

Este trabajo, esta reflexión y este compartir no ocurren en el vacío, requieren instrumentos, lenguajes, que solo la ciencia, la creación y el conocimiento pueden proporcionar. El cibermundo está incentivando una sucesión interminable de monólogos entre iguales. La escuela debe crear las condiciones para el diálogo entre diferentes grupos, basado en el conocimiento, la comprensión mutua y en un debate ilustrado e informado.

EL ESPACIO PÚBLICO Y COMÚN DE LA EDUCACIÓN

La metamorfosis de la escuela tiene una cuarta cara: la construcción del espacio público y común de la educación. En el siglo XIX la educación fue llevada a un lugar "sagrado", la escuela. Hoy en día necesitamos un movimiento de profanación, en el sentido que Giorgio Agamben (2006) da a este término, devolviendo un objeto sagrado al uso público.

En otras palabras: necesitamos revisar el contrato social firmado en el siglo XIX (dennos a sus hijos y nosotros los educaremos en las escuelas), para trabajar juntos por fortalecer un espacio público que una la escuela con otras instituciones, a los docentes con los padres y con otros actores sociales. La educación no solo se imparte dentro del recinto escolar.

El espacio público y común de la educación debe ser un ámbito de discusión, pero también de deliberación y de acción. No se trata solo de escuchar a los ciudadanos, sino de involucrarlos como parte entera en un esfuerzo educativo que pertenece a la ciudad en su conjunto, a la *polis*. Solo así podremos crear nuevos vínculos y responsabilidades, y evolucionar hacia una mayor presencia de los docentes y de la sociedad en la construcción de políticas públicas educativas.

Lo común es más que lo público, en la medida en que se basa necesariamente en un esfuerzo de compartición, participación y toma de decisiones colectivas. No se trata de una unificación basada en ningún imaginario del mundo, sea nacional o de otro tipo, sino de una apertura a prácticas de colaboración y cooperación.

En esta *capacidad de construir lo común* reside la fuerza de una sociedad sostenible. La educación juega un papel insustituible en este proceso, tanto en su capacidad de transmitir conocimientos científicos, atentos a los grandes temas de nuestro tiempo, como en la creación de ambientes de estudio y trabajo basados en el trabajo conjunto y la cooperación.

El fortalecimiento de los docentes es una condición necesaria para que la educación cumpla su misión de construir sociedades sostenibles.

Nada sustituye a un buen profesor

Muchas veces se asume, de hecho, aunque quizás sin decirlo, que el profesorado no tiene la formación suficiente para poder aportar una colaboración inteligente a la ciencia. Este pensamiento es muy destructivo y resulta fatal para tener alguna posibilidad de otorgar una dimensión científica a la educación. En verdad, son los profesores quienes están en contacto directo con los estudiantes y, por tanto, es a través de ellos y ellas cómo los resultados de los descubrimientos científicos llegan a los alumnos. Ellos y ellas son los canales que permiten llevar a la vida de la escuela las consecuencias de la teoría educacional.

JOHN DEWEY

Este capítulo pretende explicar la importancia del profesorado y la necesidad de reforzar su status y su libertad, en línea con el lema del Día Mundial de los Docentes del 2016: *"Valoremos al docente, mejoremos su situación profesional"*.

Después de una introducción en la que se explica la razón por la que "nada sustituye a un buen profesor", se analizan cinco aspectos de la Recomendación OIT/UNESCO de 1966 relativa a la situación del personal docente.

Al final, se incluye una anotación sobre la importancia de la relación entre docentes y estudiantes basada en la libertad.

Nada sustituye a un buen profesor. Nada. Nada en absoluto. Nada lo sustituye para dar a conocer el mundo, todos los mundos, a los más pequeños. Nada lo sustituye para dar a los estudiantes la posibilidad de llegar más lejos, donde nunca llegarían sin su trabajo, sin su dedicación.

En estos tiempos digitales, hay que decir que las relaciones humanas son irremplazables. Hay que decir que los docentes tienen una responsabilidad mayor, la mayor de todas: poner su autoridad al servicio de la libertad de los estudiantes. Para ello necesitamos profesores íntegros, seguros y confiados en sí mismos. Y aquí surge un primer problema que se viene arrastrando desde hace años. ¿Cómo podemos construir esta confianza en un momento en el que los docentes parecen ser culpables de todos los males, de todas las dudas, de todas las vacilaciones que experimenta la escuela?

◗ Nada sustituye a una buena profesora. En la construcción pública de la educación, en la construcción de un espacio habitado por todos los estudiantes, independientemente de su "olor, color, lengua o encuadernación", como decía João dos Santos (1983, p. 33).

Las familias pueden y deben dar a sus hijos la educación que consideren más adecuada. Las religiones también. Y, también, las comunidades. Pero la educación escolar —y, sobre todo, la escuela pública— es de otro tipo: aquí se representa a toda la humanidad, y no solo a una parte de ella, a una determinada visión familiar, religiosa o comunitaria. Es por eso que la ciencia es tan importante como parte central del currículo. Y también lo son las artes.

 © narcea s. a. de ediciones

Es cierto que cuando se educa a niños iguales, con niños del mismo "color" o "encuadernación", todo parece más fácil. Pero, en esta facilitación, se pierde el sentido de lo "común", el espacio en el que compartimos nuestras diferencias y nos construimos como sociedad. En esta facilidad, la escuela se pierde como lugar de todos, con sus igualdades y sus diversidades.

Aquí surge un segundo problema, muy evidente en ciertas ideologías. Los padres pueden dictar el "color" de la escuela, y a eso se le llama "libertad de elección". Se olvidan de hablar de la libertad de los estudiantes o, mejor dicho, del derecho de los estudiantes a una educación con toda la humanidad, basada en el diálogo, para que todos aprendan a convivir, a vivir unos con otros, con todos los demás.

La escuela no es solo un servicio, por muy de calidad que sea. Es, ante todo, una institución que nos construye como sociedad, que nos abre al mundo y a los demás, que amplía la libertad de los estudiantes, que permite a cada uno construir un futuro que nunca habría alcanzado si se hubiera quedado en "casa", en la escuela de su lugar de nacimiento.

◉ *Nada sustituye a un buen profesor* en la capacidad de estar presente en las escuelas y en el espacio educativo público. En la capacidad de organizar el trabajo docente y en la de participar en las políticas públicas de educación. Las políticas educativas se definen sistemáticamente *contra* los docentes, y rara vez, o nunca, con ellos, como si esa fuera la única manera de lograr la complicidad mediática de la que se alimenta la política.

La participación es difícil, requiere tiempo, requiere trabajo. Pero sin ella, no vale la pena insistir en esa retórica constante de la importancia de los profesores. Todo queda en la cáscara de las palabras. La vida debe ser vivida buscando la implicación de la gente, potenciando la cercanía, no una cercanía vacía, paternalista, sino una cercanía que favorezca la participación y la toma de decisiones.

Es muy curioso que haya llamamientos tan contundentes a un consenso en torno a políticas de salud o de justicia, con la implicación de todos los "sectores", de todos los "profesionales". Pero cuando ese mismo reclamo surge en el área de la Educación, se habla de "estabilidad" y "continuidad" de las políticas, olvidándose del profesorado que constituye el grupo profesional más numeroso y más cualificado de las sociedades contemporáneas. Extraña inconsistencia.

RECOMENDACIONES PARA UNA PROFESIÓN CON FUTURO

Las tres batallas mencionadas —por el prestigio de la profesión, por la defensa de la escuela pública y por la participación de los docentes en las políticas educativas— no se ganan con una actitud defensiva. La escuela pública no se defiende en las trincheras del pasado, manteniendo y conservando rutinas de un tiempo que ya no es el nuestro.

La escuela pública se defiende *con mirada al futuro*, comprendiendo los cambios profundos en el aprendizaje y en la relación con el conocimiento, en el trabajo docente y en un espacio público para la educación que va mucho más allá de los muros de la escuela.

Estamos ante transformaciones solo comparables a las que tuvieron lugar a mediados del siglo XIX, cuando se consolidó en todo el mundo el modelo de escuela que aún hoy prevalece. La generación actual es la generación que cambiará las escuelas. No sabemos cómo será el futuro, pero sabemos que los días de este modelo escolar están contados. Ante nuestros ojos y, a veces, a pesar de cierta indiferencia por nuestra parte, va surgiendo una nueva realidad. Para entenderlo, necesitamos coraje, apertura al futuro, una profesión fuerte, dentro y fuera, en la escuela y en la sociedad.

Estas reflexiones abren espacio para una reinterpretación, en cinco movimientos, de la Recomendación de la OIT/UNESCO relativa a la situación del personal docente, adoptada en 1966. Los párrafos del texto original que guían la lectura están transcritos entre comillas.

Primero movimiento

"La enseñanza debería considerarse como una profesión cuyos miembros prestan un servicio público; esta profesión exige de los educadores no solamente competencia especial y conocimientos profundos, adquiridos y mantenidos mediante estudios rigurosos y continuos, sino también un sentido de las responsabilidades personales y colectivas que ellos asumen para la educación y el bienestar de los alumnos de quienes están encargados" (6).

Esta primera consideración parece casi innecesaria, pero no lo es: la docencia debería ser considerada una profesión. Parece obvio, pero no lo es. De hecho, algunos de los conceptos erróneos que todavía afectan a los docentes hoy en día están relacionados con el hecho de que muchas personas no consideran la enseñanza una profesión. Se dice que quien sabe algo, ya sabe, sin más y de forma natural cómo enseñarlo, sobre todo ahora con toda la ayuda que proporciona la tecnología digital.

Las políticas de "desprofesionalización", tan activas hoy en día en diversas regiones del mundo, desde Estados Unidos hasta Asia, pasando por el Reino Unido, Australia y algunos países del norte de Europa, sirven para demostrarlo. Se cuestionan cuál es el propósito de la pertenencia, del arraigo profesional. ¿Por qué construir una identidad, una profesión? ¿Por qué complicar algo tan sencillo y al alcance de todos, como es la enseñanza a los niños?

Precisamente porque esta conversación no es inocente y ha influido en muchas políticas, vale la pena recordar la Recomendación de 1966 y el lema del Día Mundial de los Docentes en 2016: *"Valoremos al docente, mejoremos su situación profesional"*.

Segundo movimiento

"El objetivo de la formación del personal docente debería consistir en desarrollar sus conocimientos generales y su cultura personal; su aptitud para enseñar y educar, su comprensión de los principios fundamentales para el establecimiento de buenas relaciones humanas dentro y más allá de las fronteras nacionales; la conciencia del deber que le incumbe de contribuir, tanto por medio de la enseñanza como con el ejemplo, al progreso social, cultural y económico" (19).

"El establecimiento de un periodo de prueba al comenzar el ejercicio de la profesión debería ser considerado tanto por el personal docente como por los establecimientos de enseñanza como una oportunidad ofrecida al principiante para estimularle y permitirle actuar satisfactoriamente, para establecer y mantener niveles de eficiencia profesional adecuados y para favorecer el desarrollo de sus dotes pedagógicas" (39).

"Las autoridades, previa consulta con las organizaciones del personal docente, deberían favorecer el establecimiento de un amplio sistema de instituciones y de servicios de perfeccionamiento que sean puestos al alcance de todo el personal docente a título gratuito. Este sistema, que debería ofrecer una gran variedad de opciones, debería asociar también a las instituciones de formación y a las instituciones científicas y culturales, así como a las organizaciones de personal docente" (32).

En este segundo movimiento, la Recomendación toca un punto decisivo, hablando de la formación "profesional" del profesorado. Es lo que a menudo nos negamos a ver. Nos dejamos tentar por discusiones interminables sobre conocimientos, habilidades o competencias, por las diferencias entre los llamados "contenidos" y las llamadas "pedagogías o didácticas", por la distribución de cargas de trabajo entre grupos, departamentos y disciplinas, y olvidamos hacer las preguntas necesarias: ¿Cómo se forma un docente como *profesional*? ¿Cómo se aprende la *profesión*?

Para responder a estas preguntas, necesitamos, en las universidades e instituciones de educación superior, un lugar específico dedicado a la formación docente, sin la fragmentación que existe hoy en día. Y en ese lugar debe haber profesión, y escuelas, y profesores, y cultura profesional. Tiene que ser un "tercer lugar", sin quedar reducido a un "lugar interno" de la academia.

La idea de un "tercer lugar" o "tercer espacio" explica bien la necesidad de acercar universidades y escuelas, a partir de una "tercera realidad", sin caer en los discursos dicotómicos habituales que señalan la universidad como lugar de teoría y las escuelas como lugar de práctica. Las dicotomías cierran el pensamiento e impiden la construcción de nuevas ideas y propuestas. En lógica binaria no se hace nada. La salida siempre está en un "tercer lugar", que es mucho más que la simple suma de los dos lugares anteriores.

Lo que es cierto para la formación inicial es aún más cierto para el período de inducción profesional, ese período crucial pero descuidado de integración en la profesión, durante el cual nos convertimos en profesores. La falta de estrategias de acogida y socialización profesional debilita enormemente la profesión docente.

Y luego viene la formación continua. Reproducimos "catálogos de formación", cursos y más cursos, en lugar de construir una reflexión conjunta, compartida, en torno a la escuela, la enseñanza y el trabajo docente. Reproducimos modelos "academicistas", en el peor sentido del término, en lugar de *fortalecer en los docentes su capacidad de análisis y reflexión, así como la investigación sobre su propio trabajo.*

Sin esta triple revolución —en la formación inicial, la inducción profesional y la formación continua— difícilmente podremos cumplir el objetivo de *valorar al profesorado y mejorar su estatus.*

Tercer movimiento

"Dado que el educador es un especialista muy valioso debería organizarse y facilitarse su trabajo para evitar que pierda tiempo y esfuerzos" (85).

El tercer movimiento es breve, pero de suma importancia. En los últimos años, la queja más común que se escucha de los docentes es la burocracia, la inmensa cantidad de tareas, a menudo inútiles, que hacen de su vida diaria un infierno. Y tienen razón.

Las posibilidades tecnológicas multiplican infinitamente los impulsos burocráticos —encuestas, cuestionarios, informes, tablas, estadísticas, etc.— que, gracias a la tecnología, son casi gratuitos para los burócratas, pero tienen costes muy elevados para los burocratizados. Todo nos distrae de nuestro trabajo, del tiempo, de la reflexión, de una relación serena con nuestra profesión. Necesitamos "limpiar" la vida cotidiana de los docentes de todo lo que esto conlleva: un gran cansancio personal, falta de motivación y malestar.

De ahí viene también el agotamiento colectivo, la imposibilidad de encontrar tiempo y disponibilidad para trabajar con los compañeros, para la cooperación, para la colegialidad docente, para el tan necesario refuerzo del colectivo profesional.

Ahora bien, es en el fortalecimiento de este colectivo donde se define gran parte del futuro de la profesión: en la libertad de organización del trabajo docente, en la evaluación entre pares, en el papel que desempeñan aquellos docentes que —por su reconocimiento por parte de sus colegas— deben ser un referente en la escuela y en la profesión. ¡Qué gran política sería esta, el punto 85 de la Recomendación: liberar el trabajo del profesorado para evitar cualquier desperdicio de tiempo y de energía!

Cuarto movimiento

"Las organizaciones del personal docente deberían ser reconocidas como una fuerza que puede contribuir considerablemente al progreso de la educación y, por consiguiente, deberían participar en la elaboración de la política docente" (9).

"Las autoridades y el personal docente deberían reconocer la importancia de la participación de los educadores, por conducto de sus organizaciones o por otros medios, en la elaboración de las disposiciones encaminadas al mejoramiento de la calidad de la enseñanza, en la investigación pedagógica y en el desarrollo y divulgación de métodos de enseñanza nuevos y mejores" (76).

Este cuarto movimiento es tan obvio que no necesita mucha explicación. Los puntos 9 y 76 de la Recomendación lo dicen todo. Y, sin embargo, todavía hay muchas personas que ven a los docentes y sus organizaciones como un "problema" para las políticas educativas. No entienden la importancia de la libertad, de la libertad que es participación, de la participación que es "ser parte" de la decisión, y no solo "ser consultado". Piensan en el futuro y en la política con los ojos del ayer. Solo como representación. Casi nunca como participación. Están cerrados en el pasado.

Quinto movimiento

"Debería existir una estrecha cooperación entre las autoridades competentes y las organizaciones de personal docente, de empleadores, de trabajadores y de padres de alumnos, las organizaciones culturales y las instituciones de enseñanza o de alta cultura y de investigación, con miras a definir la política docente y sus objetivos precisos" (10).

"Convendría estimular la participación del personal docente en la vida social y pública por el propio interés de los educadores, de la enseñanza y de la sociedad en general" (79).

El quinto movimiento parece idéntico al anterior, pero no lo es. Se pretende llamar la atención sobre el espacio público de la educación, un espacio que tiene "escuelas", pero que tiene muchas otras instituciones, muchos otros lugares de aprendizaje, de cultura y de formación.

La educación nunca cupo en los estrechos límites escolares, pero hoy en día, mucho menos. Las nuevas formas de acceso al conocimiento, las nuevas dinámicas de aprendizaje, así como la existencia de sociedades más capaces y mejor preparadas, abren una nueva realidad y exigen un nuevo contrato social en torno a la educación, muy diferente al que celebramos hace 150 años.

En aquella época se impuso un "modelo de escuela" que incluía casi todo dentro de la propia escuela. Ahora es necesario devolver parte de la educación a la sociedad, comprender la capilaridad educativa, la red de posibilidades, físicas y virtuales, de aprendizaje y de conocimiento. Nos enfrentamos a una realidad radicalmente nueva que transformará las escuelas y el modo en que serán habitadas por alumnos y profesores.

Para esta apertura necesitamos la participación de los docentes en la vida social y pública, en la *polis*, en la ciudad, "en su propio interés, en el interés de la educación y en el de la sociedad en su conjunto". Para este debate necesitamos docentes con voz respetada y reconocida, que hablen de temas educativos en el espacio público, desde el conocimiento y no desde la ignorancia, desde el compromiso y no desde la indiferencia.

LIBERTAD PARA EDUCAR

También cabe mencionar el punto 61 de la Recomendación OIT/UNESCO de 1966, porque sin libertad no hay enseñanza ni educación:

> "En el ejercicio de sus funciones, los educadores deberían gozar de libertades académicas. Estando especialmente calificados para juzgar el tipo de ayudas y métodos de enseñanza que crean mejores y más adaptables a sus alumnos, son ellos quienes deberían desempeñar un papel esencial en la selección y la adaptación del material de enseñanza, así como en la selección de los manuales y aplicación de los métodos pedagógicos dentro de los programas aprobados y con la colaboración de las autoridades escolares" (61).

Hace ya mucho tiempo que las sociedades tienen dificultades para orientar la educación de sus hijos. ¿Es esta la "crisis" de la educación? Si primero tenemos el coraje de reconocer que "no sabemos", entonces podremos buscar sentido al acto de educar. Las metáforas del molde o de la escultura no nos ayudan. La metáfora de la planta y el jardinero, tampoco. La mejor metáfora educativa es el viaje, la preparación para un viaje hacia lo desconocido.

¿Para qué sirve la educación? Para liberar futuros, individuales y colectivos. Para preparar a los niños de antemano para la tarea que tienen ante sí, la de renovar un mundo común, escribió Hannah Arendt (2001).

Es común atribuir a Jean-Jacques Rousseau el origen de todas las ilusiones de una pedagogía que rechaza la autoridad. ¿Es cierto? Se diría que sí, cuando citamos este pasaje del *Emilio* dirigido a un joven maestro: "El niño solo debe hacer lo que quiere…". Sin embargo, pareciera que no al leer las siguientes líneas: "…pero solo debe querer lo que tú quieres que haga; no debe dar un paso que tú no hayas previsto; no debe abrir la boca sin que tú sepas lo que va a decir". La autoridad existe para establecer una nueva realidad, para autorizar la autonomía de quienes dan sus primeros pasos.

Los humanos no se educan a sí mismos. Necesitan profesores y colegas. *Solo a través del encuentro y del diálogo es posible educar a un niño. La autoeducación es importante, pero tiene límites.* Vale la pena recordar esto en un tiempo de postpandemia sobrecargado de ilusiones tecnológicas, a distancia y virtuales, con aprendizajes llamados "personalizados", realizados fuera de un espacio compartido.

La relación entre un maestro y un discípulo está hecha de encuentro, trabajo, empatía, colaboración y confianza. No hay futuro si no fortalecemos esta relación, en el sentido tan profundamente explicado por George Steiner:

"Enseñar, enseñar bien, es ser cómplice de posibilidades trascendentes. Una vez despierto, ese niño exasperante que se sienta en la última fila podrá escribir los versos o conjeturar el teorema que tomará siglos. Una sociedad, como la del lucro desenfrenado, que no honra a sus maestros, es una sociedad defectuosa" (2005, p. 148).

Para eso sirve la libertad de los docentes, para despertar la libertad de los estudiantes. *Porque nada, absolutamente nada, puede sustituir a un buen maestro.*

La libertad como principio y como fin

3

La mejor educación es exactamente esa: la libertad para pensar, imaginar, desafiar, cambiar. Innovar con una corriente profunda de humanidad. Nuestro propósito no es sólo el de crear empleados mejores, sino crear vidas mejores, promover el pensamiento creativo (algo que distinguimos de la mera información o del conocimiento recibido), poner en causa certezas, abrir nuestras mentes y expandir nuestras posibilidades.

DREW FAUST

Este capítulo reflexiona sobre la libertad, en diálogo con el lema del Día Mundial de los Docentes de 2017: *"Enseñar en libertad, empoderar a los docentes"*.

El texto aborda diversas referencias a la libertad, a partir de seis conceptos centrales para la educación: igualdad, diversidad, aprendizaje, participación, autonomía y creación.

En la parte final, se defienden tres movimientos de transformación: reforzar el espacio público de la educación, renovar la educación como bien público y común, y abrir la educación al futuro. Se trata, en el fondo, de fortalecer al profesorado para que pueda enseñar en libertad y con libertad.

En 2017, el lema del Día Mundial de los Docentes estuvo dedicado a la libertad: *"Enseñar en libertad, empoderar a los docentes"*. Los ataques a los derechos humanos, a la democracia y a la libertad estaban aumentando en todas las regiones del mundo, y era importante destacar el papel de los docentes en la defensa de la libertad.

El tema fue elegido también teniendo en mente el centenario de la publicación de una de las obras más famosas de la literatura educativa, *Democracia y educación*, de John Dewey, ocurrido en 1915. En la introducción a la edición brasileña, Anísio Teixeira saluda así al hombre considerado el filósofo de la democracia: "Su tarea fue desarrollar el ideal democrático en todas sus posibilidades y consecuencias, frente a las condiciones modernas de la ciencia y del mundo" (1952, p. 13).

Al mismo tiempo, las escuelas de todo el mundo se estaban convirtiendo en lugares de gran conflicto e incluso de violencia, lo que dificultaba mucho el trabajo de los docentes. Muchas respuestas se basaron en la autoridad y el orden. Al elegir este tema, la UNESCO y la Internacional de la Educación quisieron resaltar la importancia de la libertad en la educación y las escuelas.

Como dijimos antes, el "viaje" es la mejor metáfora de la educación. "Quien no se mueve, no aprende nada", afirma Michel Serres, en su extraordinario libro *Le tiers-instruit* (1991). Deberíamos añadir: un viaje hacia la libertad. El objetivo principal de la educación es aumentar las posibilidades de cada persona, para que podamos ser quienes queramos ser. La famosa frase de Píndaro se cita a menudo erróneamente: "Conviértete en lo que eres". La frase original es diferente: "Conviértete en lo que has aprendido a ser" (Quérini, 2016).

He adoptado como título para este capítulo: *La libertad como principio y como fin*, la libertad como orientación y como finalidad. Necesitamos establecer entornos educativos que promuevan la libertad de profesores y estudiantes, que ayuden a dar libertad a nuestro futuro común.

TRES VECES LIBERTAD

◉ *Libertad que es igualdad.* Las escuelas públicas han representado históricamente un lugar de igualdad de oportunidades. Aquí tuvieron lugar las luchas históricas por la escolarización obligatoria, liberando a niños y jóvenes de un destino que muchas veces los empujaba a la ignorancia y al trabajo infantil. Gracias a la escuela pública, el sueño de la "educación para todos", que parecía imposible para tantas generaciones, ya no es un espejismo.

La igualdad implica responsabilidad social, un compromiso cívico. En este sentido, Darcy Ribeiro escribe que "la escuela pública es el mayor invento del mundo". Nuestra libertad depende de la libertad de los demás, está en el diálogo, en el encuentro, en las relaciones. En los últimos tiempos nos hemos visto arrastrados a una visión individualista de la libertad, como si fuera posible ser libre en un mundo de esclavos. Observemos con atención lo que escribe Saadi, un poeta persa del siglo XIII: "Uno sufre, todos sufren daño. Si eres indiferente, ¿cómo es que eres humano?". *La libertad no es individualista, es irreductiblemente solidaria.*

⊛ *Libertad que es diversidad.* La escuela pública es, por definición, un espacio de diversidad. En ella deben sentirse acogidos todos los niños y niñas de todas las familias. No hay mejor institución para aprender la palabra y el diálogo, para aprender a convivir, a vivir en común con los demás. Este "común" no es la uniformidad, sino la diversidad. "La identidad común produce diferencias", afirmó Edgar Morin en 2013, en el periódico *Humanité*, añadiendo que "la diversidad humana es el tesoro de la unidad humana y la unidad es el tesoro de la diversidad".

Este es el significado de trabajar juntos en las escuelas. La educación no trata solo de conectividad, sino también de colectividad, un ejercicio que une a diferentes personas en un esfuerzo común. Sin olvidar nunca que *vivimos en un mundo de interdependencias* y que, para la cohesión y la resistencia de la sociedad, "dependemos mucho más de los más débiles que de los más fuertes" (Orsenna, 2020, p. 150).

⊛ *Libertad que es aprendizaje.* No basta una "escuela para todos", necesitamos una "escuela donde todos aprendan". Muchos se contentan con el "éxito parcial" de unos pocos. Pero nuestra ambición debe ser infinitamente mayor. No me refiero a las métricas e indicadores que en las últimas décadas han buscado medir la calidad de los sistemas de aprendizaje y educación, y que tienen un alcance limitado. La educación es mucho más que un aprendizaje medible, ya que tiene dimensiones inconmensurables. El mayor desafío para los docentes es realmente la capacidad de enseñar a estudiantes que no quieren o no pueden aprender.

Permítanme recordar dos historias contadas por Antoine Prost (1985), en uno de sus libros más conocidos, *Éloge des pédagogues*. La primera se refiere a una estudiante que pide poder hablar con un profesor y contarle que está embarazada, que quiere tener el bebé y casarse con el padre, pero su familia se opone. La segunda trata sobre una adolescente que le dice a una maestra que toma drogas y le pide que lo mantenga en secreto. Estos dos profesores seguramente habrían preferido que estos estudiantes no hubieran confiado en ellos. Pero lo hicieron. ¿Y ahora? *Ser profesor es infinitamente más que enseñar bien una materia.*

Aquí hay tres libertades que definen la educación pública. Aún queda un largo camino por recorrer hasta que se logren plenamente. Se completan con otras tres libertades.

OTRAS TRES LIBERTADES MÁS

◉ *Libertad que es participación.* Muchos entienden que la democracia debe detenerse en la puerta de la escuela. No. Las escuelas públicas deben acostumbrar a los niños a ejercer la democracia, a través de la reflexión, el debate y la toma de decisiones. Por eso hablamos de una "escuela democrática", donde profesores y alumnos, obviamente con diferentes estatus, cooperan en el trabajo escolar.

Richard Sennett escribió una importante obra, *Together*, en la que explica la importancia de trabajar juntos, de valorar las prácticas cooperativas como elemento central del trabajo humano: "La cooperación está inscrita en nuestros genes, pero no puede quedar bloqueada en comportamientos rutinarios; necesita ser desarrollada y profundizada" (2012, p. IX). Así es en la sociedad. En la escuela también es así. La cooperación debe aprenderse y practicarse, debe cultivarse en nuevos entornos educativos que fomenten la participación de profesores y alumnos.

◉ *Libertad que es autonomía.* Avanzaremos poco si no construimos una libertad de iniciativa y de organización en las escuelas que rompa con la rigidez, la burocracia y el centralismo. Necesitamos construir propuestas pedagógicas coherentes e innovadoras, organizar diferentes escuelas con diferentes proyectos educativos. Las escuelas son espacios de toma de decisiones y de convivencia. La ciudadanía no es solo escucha o proximidad, es también toma de decisiones, construir nuevos formatos de toma de decisiones.

El concepto de convivencialidad, desarrollado por Ivan Illich (1974), ha sido ampliamente utilizado en los últimos años, especialmente durante la pandemia, cuando se hizo evidente la necesidad de crear condiciones para la vida en común. La importancia de los lazos, de los vínculos e interconexiones adquirió una dimensión inesperada y es parte de una nueva conciencia planetaria. Los lazos que nos unen también nos liberan. Es un trabajo que debe ser realizado en las escuelas y por los docentes, desde la perspectiva mencionada por Pierre Dardot y Christian Laval en su ensayo sobre la revolución en el siglo XXI, que termina así: "no existen bienes comunes, hay elementos comunes que deben ser instituidos" (2014, p. 532).

◉ *Libertad que es creación.* La escuela es cultura y no hay cultura sin creación. La cultura es lo que nos une con nuestro "elemento", pero también es lo que nos permite salir de nosotros mismos y acceder a nuevos mundos. Educar es transmitir y, por tanto, la primera palabra la tiene el docente. Pero no hay educación sin creación y por eso es tan importante la cultura científica y artística, que permita a cada persona escribir su palabra en el mundo.

Olivier Reboul, uno de los pensadores más lúcidos del siglo XX, da una respuesta extraordinaria a la pregunta: "¿Qué vale la pena enseñar?":

> "Vale la pena enseñar lo que une y lo que libera. Lo que une: sí, lo que vale la pena enseñar es lo que integra a cada individuo, de forma duradera, en una comunidad lo más amplia posible. [...] Enseñar lo que libera, tal es el segundo criterio. Después de todo, ¿qué tienen en común las diferentes disciplinas, entre la educación física, técnica, artística e intelectual, e incluso entre las diferentes ramas de éstas, la científica y la literaria? Precisamente eso" (2000, pp. 81-82).

En otras palabras: el trabajo de los docentes tiene como objetivo presentar el mundo a los niños, pero también ayudarlos a inscribir su propia palabra en el mundo. Unirse y liberar.

LA LIBERTAD ES UN SUSTANTIVO PERO TAMBIÉN ES UN VERBO

En un debate muy importante celebrado en la Radio de Hessen en 1966, Theodor Adorno cuestionó la finalidad de la educación y dejó esta nota esclarecedora:

> "Quisiera presentar mi concepción inicial de la educación. Evidentemente, no se trata de la supuesta formación de personas, porque no tenemos derecho a moldearlas desde fuera; pero tampoco de la mera transmisión de conocimientos, cuya característica de algo muerto ya se ha destacado con creces, sino de la producción de una verdadera conciencia. [...] Una democracia

eficaz sólo puede concebirse como una sociedad de emancipados" (Adorno, 2020, p. 154).

Tres años después, en la misma emisora de radio, habló sobre educación y emancipación. Las seis libertades que he mencionado (tres más tres) solo tienen sentido en este movimiento de emancipación. La libertad es un sustantivo, pero también es un verbo de acción. La escuela pública debe saber repensarse, renovarse y abrirse. Los docentes deben comprender plenamente sus nuevos roles en las escuelas del siglo XXI.

Para tener libertad, debemos liberar el futuro de las inevitabilidades, de las fatalidades, de los destinos predeterminados. La escuela necesita recoger y promover las energías de cambio que ya existen y avanzar en dinámicas de innovación y transformación. Los docentes deben compartir sus experiencias, reflexionar juntos sobre ellas y ayudar a construir procesos de transformación en la educación. Gracias a este esfuerzo encontraremos nuevas posibilidades y caminos para la educación pública. De lo contrario, dejaríamos la dinámica de la transformación en manos de intereses privados, de la gran industria educativa global, lo que podría incluso poner en riesgo la renovación de la educación como bien público y común.

Cabe destacar tres movimientos necesarios para el futuro de la educación.

▶ *Primero: Reforzar el espacio público de la educación.* La educación es mucho más que la escuela. Hoy necesitamos fortalecer los vínculos entre la escuela y la sociedad, y renovar así un compromiso social con la educación. Se trata de un cambio decisivo, que exige una capacidad efectiva de coordinación y toma de decisiones por parte de la ciudadanía, las autoridades locales y las instituciones para construir el espacio público de la educación. No me gusta mucho la metáfora de las "ciudades educadoras", pero es la que mejor ilustra la dimensión de participación colectiva y de corresponsabilidad que caracteriza a la educación en las sociedades contemporáneas.

En el último informe de la UNESCO, esta idea se traduce en la defensa de "un nuevo contrato social para la educación", como lo presentó su directora general, Audrey Azoulay:

"Si el Informe nos enseña algo, es esto: necesitamos tomar medidas urgentes para cambiar de rumbo, porque el futuro de las personas depende del futuro del planeta, y ambos están en riesgo. El Informe propone un nuevo contrato social para la educación, que busca reconstruir nuestras relaciones entre nosotros, con el planeta y con la tecnología" (2021, p. v).

● *Segundo: Renovar la educación como bien público y común.* La educación debe renovarse, pero siempre como algo público. La escuela no es un servicio ni una mercancía, es una institución de la *res publica*. Cuando comparamos la elección de la escuela con la elección de un bolso, zapatos, periódico, coche o casa, como se ha escrito, perdemos todo sentido, social y cultural, individual y colectivo, del acto de educar. La escuela pública crea un público, forma públicos, ciudadanos.

¿Podemos aprender en ámbitos privados, domésticos, familiares? Sí. Pero para educarnos necesitamos espacios públicos, diálogo y encuentros con otros. En una época de fragmentación de las sociedades, de repliegue defensivo de las personas y de las familias a sus esferas más próximas, es necesario que la escuela sea un lugar de apertura, de comunicación pública entre personas diferentes. Y la comunicación, como nos recordó John Dewey (1952), tiene sus raíces en la palabra común.

❯ *Tercero: Abrir la educación al futuro.* Vivimos en una época de profundos cambios generacionales y de revolución en la educación. Los edificios escolares desaparecerán o, al menos, se transformarán radicalmente. Los tiempos escolares se organizarán de una manera completamente diferente. El trabajo docente sufrirá cambios profundos, entre otras cosas, por el impacto del mundo digital.

La escuela del siglo XXI está naciendo, aunque a trompicones, de forma confusa y desorganizada. La escuela pública debe ser cada vez más un espacio de libertad. Hoy contamos con posibilidades culturales y medios tecnológicos que nos permiten realizar los sueños que muchos soñaron antes que nosotros, de una escuela que sea igualdad, diversidad y aprendizaje, pero que también sea participación, autonomía y creación.

La libertad tiene una característica única y singular: solo existe en mí si existe también en los demás. No puedo ser libre si los otros viven sin libertad. La escuela pública es un lugar de libertad, para todos y no solo para algunos.

Para elevar la libertad es necesario fortalecer a los docentes para que enseñen en libertad y con libertad.

El conocimiento cualificado del profesional docente

4

El proceso educativo no puede tener unos fines elaborados fuera de él mismo. Sus objetivos forman parte del proceso, y son ellos los que lo convierten en educativo. No pueden, por tanto, ser elaborados sino por las propias personas que participan en el proceso. El educador, el maestro es una de ellas. Su participación en la elaboración de esos objetivos no es un privilegio, sino la consecuencia de ser, en el proceso educativo, el participante más experimentado y, esperemos, que el más sabio.

ANÍSIO TEIXEIRA

Este capítulo reflexiona sobre la importancia de la cualificación del profesorado. El derecho a la educación por parte de los estudiantes incluye, también, el derecho a tener un profesorado debidamente formado y cualificado.

En la primera parte, se argumenta que la cuestión central de la formación del profesorado está vinculada a un "tercer género de conocimiento", al que denominamos conocimiento profesional docente. En la segunda, se ensaya la definición de este tipo de conocimiento, basándonos en los conceptos de contingente, colectivo y público. La tercera parte, está dedicada al análisis de esas condiciones, refiriéndonos a la necesidad de un refuerzo de lo colectivo de la docencia y de una proyección pública del profesorado.

Cada año se publican en todo el mundo miles de títulos sobre la profesión docente y la formación del profesorado. Esta literatura prolija tiene un defecto importante: no reflexiona suficientemente sobre los docentes como poseedores de su propio conocimiento, como productores de conocimiento docente profesional. Y las veces en que esta reflexión existe, está impulsada por académicos y no por docentes de educación básica. No creo que esto sea un problema menor.

Esta es realmente la cuestión central para los docentes y su formación. Si prescindimos de la existencia de este conocimiento, podemos mantener los modelos actuales de formación docente, con pequeños retoques. Sin embargo, si afirmamos el conocimiento docente profesional como base del trabajo docente y de su identidad, se requieren cambios profundos en la arquitectura y en los procesos de formación docente.

Este es el argumento central de este capítulo, escrito con crudeza, porque no podemos ser cómplices, ni siquiera por quedar en silencio, del deterioro de la profesión docente que estamos presenciando. Siento la urgencia de actuar. Y hago un llamamiento a las universidades a asumir su responsabilidad.

Todavía hay quienes sostienen que los procesos de cambio y de cualificación docente dependen, sobre todo, de la investigación y de la universidad. Consideran que el funcionamiento cotidiano de las escuelas es rutinario y conservador y que los docentes no están preparados para reflexionar entre ellos y construir nuevas prácticas pedagógicas. Esta posición rara vez se expresa de forma explícita y directa, pero influye implícitamente en la mayoría de las perspectivas y políticas de formación docente.

Desengáñese quien piense así. A pesar de todas las dificultades y problemas, cualquier cambio real en la educación y la pedagogía solo puede venir desde *dentro* de la profesión docente, siempre con un fuerte apoyo externo, especialmente de los académicos y las universidades.

Por eso es tan importante construir nuevos entornos educativos, en los que los docentes, colectivamente, puedan construir pedagogías diferentes y nuevas formas de organizar su propio trabajo. ¿Es un camino más difícil y que toma más tiempo recorrer? Indudablemente. Pero es el único que, en una generación, puede permitir un cambio fundamental en la educación y en la profesión docente.

La formación del profesorado es un campo decisivo para este cambio, pero para ello ha de ser capaz de evitar la subordinación de los docentes y contribuir a la valorización, cualificación y refuerzo de la profesión docente. Es este vínculo entre formación y profesión el que quiero destacar.

PARA EMPEZAR: ¿CUÁL ES EL TEMA CENTRAL DE LA FORMACIÓN DOCENTE?

Desde sus orígenes, hace alrededor de dos siglos, la formación del profesorado ha estado atravesada por disputas y controversias. No se trata de meras cuestiones técnicas o metodológicas, sino de visiones distintas, y a menudo contradictorias, de la educación y de la profesión docente.

En pleno siglo XIX, la creación de las Escuelas Normales representó un momento decisivo en la historia de la educación. Se pretendía formar "nuevos profesores", dotados de mayor legitimidad social y de influencia política, en un momento en el que los Estados imponían la escolarización obligatoria en todo el mundo. La construcción de grandes sistemas educativos y su papel en la consolidación de la ciudadanía nacional dependían, en gran medida, de estos nuevos profesionales docentes.

En términos sencillos, podemos decir que en la segunda mitad del siglo XIX el referente principal de la formación del profesorado era la *práctica*. Todo estaba organizado para proporcionar al profesorado los métodos y medios para transmitir conocimientos. La formación docente tenía una dimensión instrumental. La enseñanza se aprendía a través de la práctica, especialmente durante una "práctica" con profesores más experimentados.

Esta visión tradicionalista nunca ha abandonado el ámbito de la formación docente y sigue presente. De vez en cuando regresan los discursos y las políticas que glorifican la práctica como elemento estructurante de la formación. En 2012, Ken Zeichner escribió un artículo muy interesante, denunciando el retorno cíclico de estas tendencias. El título lo dice todo: *El giro, una vez más, hacia la formación docente basada en la práctica*.

En las dos últimas décadas, este retorno se ha producido de formas diferentes, con una argumentación más sofisticada que en el pasado, pero siempre basada en el principio de que los docentes se forman "en la práctica" o "en el terreno de la escuela". Se destacan tres de estas rutas:

- En primer lugar, la contratación como "profesores" de personas sin formación alguna, solo con dominio de una materia determinada e interesadas en la docencia, que son formadas en seminarios intensivos de unas semanas de duración y colocadas en el aula, junto a un profesor con más experiencia, aprendiendo a enseñar a través de la práctica.

- En segundo lugar, la tendencia a sobrevalorar las "habilidades" técnicas, y ahora tecnológicas, creyendo que son suficientes para formar docentes, sin que sea necesaria reflexión, contextualización o problematización.

- Por último, el modo en que las ciencias del aprendizaje miran la educación como mera aplicación de la "evidencia" producida por la ciencia, reforzando una imagen de los docentes como profesionales que se limitan a poner en práctica descubrimientos y directrices que vienen de "afuera".

¿Cuál es el denominador común de las tendencias tradicionales? Es simple: se piensa que los profesores son meros "aplicadores" del conocimiento de otros y no "productores" de su propio conocimiento. La formación del profesorado adquiere, así, una dimensión esencialmente instrumental.

En los últimos cien años, esta visión tradicional ha sido cuestionada por corrientes modernas (progresistas e innovadoras), que defienden la importancia y complejidad de la formación docente. A partir de las primeras décadas del siglo XX, en todos los países del mundo, la pedagogía, la psicología y la sociología de la educación, la historia de la educación, la organización de los sistemas educativos, la educación comparada o el desarrollo curricular comenzaron a ocupar un espacio cada vez mayor en la formación del profesorado.

Este cambio coincide con la afirmación del movimiento educativo más importante de la modernidad pedagógica, la Escuela Nueva, que celebró su primer Congreso Internacional en Calais en 1921. En cierto sentido, aún hoy seguimos siendo herederos de su Carta de principios, que presenta la nueva escuela como un "laboratorio de pedagogía práctica".

Pero, a este respecto, es imposible no recordar las palabras premonitorias de Jean Houssaye, en un texto brillante titulado *El pedagogo esclavo y sus diálogos*:

"Paradójicamente, la Nueva Educación supone, al mismo tiempo, la consagración y la muerte de la pedagogía: es la consagración porque da lugar a una verdadera explosión de prácticas innovadoras; es la muerte porque establece la referencia permanente a la ciencia y deriva los análisis a las Ciencias de la Educación. El profesional innovador acabará siendo enterrado y rechazado en nombre de las ciencias de la educación, en nombre de la exclusión de la práctica" (Houssaye, 1984, p. 47).

Las tendencias modernas adquirieron mayor influencia en los años 1960, cuando las Ciencias de la Educación renacieron en Francia y en todo el mundo. Al mismo tiempo, asistimos a la integración de la formación docente en las universidades, con la extinción progresiva de las Escuelas Normales y su sustitución por carreras universitarias.

La dimensión teórica de la formación docente adquiere gran relevancia, contribuyendo a una expansión sin precedentes de los estudios de posgrado en educación. En las últimas décadas se han publicado decenas de miles de títulos y se han creado cientos de revistas especializadas. utilizadas en el ámbito de la formación del profesorado. Es un universo vasto, de gran complejidad y diversidad.

Tres grandes ejes interconectados dominan la mayoría de los escritos y propuestas de trabajo actuales: el profesor reflexivo, el profesor investigador y los enfoques (auto)biográficos.

⬤ El *concepto de profesor reflexivo* surge a partir de la obra de Donald Schön, publicada en la década de 1980, basada en una reinterpretación de los argumentos inicialmente planteados por John Dewey. Esta idea tan influyente ha dado forma al campo de la formación docente durante los últimos treinta años. Hoy, sin embargo, hay un sentimiento de insatisfacción, e incluso de frustración, por el modo en que este concepto ha dado lugar a una enorme cantidad de trabajos en el ámbito académico, pero menos en el ámbito profesional docente, y ha contribuido poco a reforzar el estatus, las condiciones de trabajo y la autonomía de los docentes.

⬤ Las tesis del *profesor-investigador* se remontan a mediados del siglo XX, pero fue también en las décadas de 1980 y 1990 cuando adquirieron una fuerte presencia en la formación docente. En esencia, pretenden alejarse de una visión tecnocrática y reforzar la idea de los docentes como productores de su propio conocimiento, y no solo como aplicadores o transmisores del conocimiento de otros. Sin embargo, la investigación realizada se ha centrado principalmente en temas académicos (históricos, filosóficos, psicológicos, sociológicos…) y, cuando se trata de analizar el trabajo docente, este ha sido realizado más por universitarios que por profesores.

⚫ Por último, cabe mencionar las *historias de vida* y las *aproximaciones (auto)biográficas* que, desde diferentes perspectivas, buscan valorar la persona del docente, sus experiencias y trayectorias. A pesar de tantos textos y escritos, muchos de ellos de innegable interés y calidad, estos enfoques se enfrentan, desde hace algunos años, a una sensación de agotamiento o de saturación, mostrándose incapaces de pasar de una suma de narrativas individuales a una dinámica de renovación de la profesión docente.

¿Cuál es el denominador común de las tendencias modernas (progresistas e innovadoras)? La respuesta es sencilla: a pesar de las buenas intenciones, lo que se ha producido de hecho es una desvalorización de la propia reflexión del profesorado sobre su trabajo. El impacto de la investigación teórica en la construcción de una nueva profesionalidad docente ha sido muy limitado. Aunque se presenta al profesorado como "investigadores"; o incluso "intelectuales críticos", luego, en realidad, son reemplazados en su pensamiento por otros profesionales, especialmente académicos. Y con ello, también quedan descalificados como "productores" de su propio conocimiento. La formación del profesorado asume una dimensión teórica y universitaria, lo cual es de suma relevancia, pero ha contribuido poco a fortalecer la autonomía de los docentes y de la profesión docente.

Las reflexiones anteriores identifican claramente la cuestión central de la formación docente: *el conocimiento profesional docente*. Los enfoques tradicionales ni siquiera plantean la cuestión, ya que ven a los profesores como simples mediadores o aplicadores del conocimiento de otras personas. Las tendencias modernas reconocen la relevancia del tema, pero no actúan de manera consistente y congruente. ¿Por qué?

Es posible mencionar tres ausencias o incomprensiones que llevaron a la formación docente a la encrucijada en la que se encuentra.

En primer lugar, *la falta de atención a las dimensiones institucionales de la enseñanza.* Hace cincuenta años, los movimientos progresistas eran muy críticos con la institución escolar (véase, por ejemplo, Pierre Bourdieu, Paulo Freire o Ivan Illich). Hoy en día, como reacción a las tendencias a la fragmentación de las escuelas, generalmente debidas a la valorización de los espacios privados y tecnológicos, asistimos a la defensa y elogio de las escuelas —véase, por ejemplo, Gert Biesta, Jan Masschelein o Jorge Larrosa—.

Me identifico con estos últimos autores, pero no olvido la necesidad de una transformación (o metamorfosis) de la escuela, y también en lo que se refiere a la formación docente, con la creación de nuevos contextos institucionales, vinculando universidades, escuelas, docentes y sus asociaciones y los responsables de las políticas educativas públicas. Dentro de estos "terceros espacios" es posible trabajar y sistematizar el conocimiento profesional docente como base fundamental de los programas de formación inicial y continua.

El Complejo de Formación Docente de Río de Janeiro, aún en sus inicios, es uno de los mejores ejemplos de esta nueva institucionalidad. El Complejo busca reunir en una misma estructura institucional a los diversos actores involucrados en la formación docente, en igualdad de condiciones y con la misma capacidad de participación y toma de decisiones: universidades, escuelas, docentes, entidades municipales, estatales y federales, etc. Es en esta responsabilidad conjunta y compartida que podemos encontrar nuevos caminos para la formación docente.

En segundo lugar, *la depreciación de las cuestiones profesionales*. Uno de los mayores problemas en el campo de la formación docente es la fragilidad de los debates sobre la profesión y la profesionalización docente. Nadie puede dudar de la importancia de la colaboración docente y del fortalecimiento de los colectivos docentes como lugares de producción de conocimientos propios de los docentes. Pero, curiosamente, seguimos asistiendo a la difusión de textos y artículos académicos que ponen en duda la docencia como profesión y la formación docente como formación profesional (es decir, como formación para una profesión). Me resulta difícil comprender el alcance de estas "ideas recurrentes" que, de hecho, contribuyen a perpetuar una vacilación muy negativa respecto a la afirmación profesional de los docentes.

En tercer lugar, *la omisión de referencias públicas*. Es sorprendente que en el análisis de los docentes y su formación prácticamente no se mencione su papel en el debate público, en la construcción de un espacio público para la educación. A menudo hablamos de la "voz" de los profesores, pero es como si fuera una voz interna, no externa. A veces se discute la importancia de la escritura, pero es como si fuera un tipo de escritura dirigida solo a otros profesores. Es importante, por tanto, pensar en una formación docente basada en un saber enseñar que no se limite a los límites de la profesión, y que tenga visibilidad y reconocimiento público, permitiendo a los docentes participar plenamente en los debates y decisiones públicas sobre la educación.

Insisto en mi argumento central. Necesitamos dinámicas de transformación profunda de la formación docente, con la producción y consolidación del conocimiento profesional docente como punto central. Para lograrlo es imprescindible mirar más de cerca las dimensiones institucionales, profesionales y públicas.

PARA CONTINUAR:
UN CONOCIMIENTO CONTINGENTE, COLECTIVO Y PÚBLICO

No pretendo ahondar en una discusión esencialmente epistemológica, filosófica o conceptual, sino más bien reunir los tres términos de la expresión *conocimiento profesional docente*: un conocimiento que reside en la propia enseñanza, es decir, que se elabora en la acción (*contingente*); un conocimiento que forma parte de la profesión, es decir, que se define en una dinámica de colaboración y co-construcción (*colectivo*); un conocimiento que existe en la sociedad, es decir, que se proyecta más allá de la esfera profesional y se afirma en un espacio más amplio (*público*).

No me interesa componer largas listas de habilidades, competencias o conocimientos que los docentes deberían poseer. Estas enumeraciones o tipologías, tan comunes en la literatura educativa, son de poca o ninguna utilidad. Asistí con desconfianza a su creación y sigo opinando que sirven más para controlar y gobernar a los docentes que para brindarles autonomía y libertad.

El conocimiento profesional docente tiene características propias, es un "tercer tipo de conocimiento", como intenté definirlo en un artículo publicado en *Cadernos de Pesquisa* (Nóvoa, 2017). No es un conocimiento fácilmente reconocible, ya que escapa a los parámetros habituales. Necesitamos adoptar nuevos puntos de vista para comprender su naturaleza y significado. Y debemos hacerlo con una posición clara sobre el profesorado, sin perdernos en debates improductivos e incluso peligrosos que ponen en tela de juicio la docencia como profesión.

El potencial transformador del conocimiento docente profesional reside en su carácter contingente, colectivo y público. Son características que también se encuentran en otras profesiones, pero que adquieren configuraciones muy específicas en el caso de la docencia.

Un conocimiento contingente

"Los pensadores que transformaron el estatus del pensamiento en el siglo XX lo hicieron colocando lo contingente en el centro de esta transformación" (David-Menard, 2011, p. 93).

La primera característica del conocimiento profesional docente es su *carácter contingente*, en un doble sentido. Por una parte, es *un conocimiento que no existe fuera de la acción*, que se construye dentro de ella. El trabajo pedagógico se define por la imprevisibilidad, por la capacidad de los docentes para responder y tomar decisiones ante cada nueva situación. Hay una dimensión de riesgo, de incertidumbre, en la forma cómo se desarrolla este conocimiento, a partir de una diversidad de experiencias y su análisis. Riesgo y azar, pues no es posible controlar, a priori, la sucesión de acontecimientos que tienen lugar en el aula y en la escuela. Pero las coincidencias no surgen por casualidad. Son los acontecimientos comunes y cotidianos los que dan sentido a la educación. Es en ellos donde reside la posibilidad del conocimiento docente profesional.

Por otra parte, se trata de *un conocimiento contextualizado*, en permanente reconstrucción, que se elabora gracias a las relaciones y tensiones que se producen en el espacio institucional de la enseñanza. No es trasladable a otros lugares, lo que no impide que inspire otras iniciativas y proyectos. La contingencia es la realidad de las cosas, no su propiedad, nos advirtió Spinoza hace mucho tiempo. Sin embargo, desviándose de una larga tradición filosófica, Jean-Claude Milner (1995) escribe que solo una proposición contingente es refutable y que, por lo tanto, solo existe ciencia de lo contingente. Es en esta posibilidad donde se establece el conocimiento profesional docente. Comprender cada simulación educativa, los incidentes y accidentes, los episodios y enigmas, contiene un importante poder transformador. El conocimiento profesional docente se basa en la singularidad pedagógica.

La reflexión de John Dewey, en la conferencia *The sources of a science of Education*, merece ser retomada, especialmente cuando afirma que la contribución de los docentes continúa siendo descuidada o, en otras palabras, "sigue siendo una mina poco explorada" (1929, p. 46). Su principal conclusión es que "la realidad última de la ciencia de la educación no se encuentra en los libros, ni en los laboratorios experimentales, ni en las aulas donde se enseña, sino en las mentes de quienes se dedican a realizar actividades educativas" (1929, p. 32). El trabajo de los docentes incluye la ciencia en su interior.

Desde esta perspectiva, la idea de conocimiento contingente adquiere su pleno significado, constituyendo un elemento central de la profesionalidad docente. Un profesor tiene que lidiar con muchas formas diferentes de conocimiento, desde el contenido de la materia hasta las teorías y los métodos pedagógicos, pero la síntesis debe hacerse basándose en un "tercer tipo de conocimiento". Producir esta afirmación implica una concepción del trabajo docente que no se limita a la práctica, sino que incluye necesariamente una dimensión de reflexión y análisis.

La literatura educativa es fugaz y efímera. Se vuelve obsoleta rápidamente. Pero hay libros que permanecen con nosotros durante mucho tiempo. Es el caso de *Le trajet de la formation: les enseignants entre la théorie et la pratique*, de Gilles Ferry, publicado en 1983, que defiende un modelo de formación del profesorado centrado en el análisis de las situaciones educativas y su carácter único, imponderable e imprevisible. La relación reguladora entre teoría y práctica se presenta como fuente de lucidez y de conocimiento: "los profesores o futuros profesores se colocan así en posición de desarrollar, ellos mismos, los instrumentos de su práctica y los medios de su formación" (1983, p. 61).

Este es el sentido del conocimiento contingente, difícil de codificar e imposible de generalizar, que cobra sentido como inventario o repertorio de acontecimientos y situaciones vividas, experimentadas, analizadas y compartidas. Evidentemente no se trata de preparar ningún "manual de actividades" ni una "lista de experiencias" a realizar. En este caso estaríamos ante una mera lógica de reproducción. La idea de repertorio está asociada a un imaginario o colección de imágenes, algunas ya existentes, otras aún por construir.

Hablar de un conocimiento basado en un repertorio de experiencias en lugar de un conocimiento codificado es abandonar el esfuerzo por definir la "cientificidad" de la pedagogía y emprender la búsqueda de un conocimiento profesional docente basado en la contingencia. Las experiencias pasadas, después de ser sometidas a un proceso de reflexión y apropiación, contienen un potencial importante de conocimiento. Pero las experiencias futuras, es decir, las dinámicas de experimentación e innovación son también productoras de nuevos conocimientos. Lo que importa es marcar adecuadamente la contingencia de la acción como base del conocimiento docente profesional.

Un conocimiento colectivo

"Lo que ha cambiado en mí, afortunadamente, son los otros, porque yo soy ese otro que me habla, a quien escucho y que me hace caminar con él. ¡Qué feliz sería si pudiera aplicarme a mí mismo estas palabras de Brecht: Él pensaba en otras cabezas; y, en la suya, ¡eran otros los que pensaban! Este es el verdadero pensamiento" (Barthes, 1981, p. 252).

La segunda característica del conocimiento profesional docente es su *carácter colectivo*, el hecho de que se constituye en el seno de una profesión o, mejor dicho, de un colectivo profesional. No se trata de disminuir la relación de cada persona, individualmente, con el conocimiento, sino de proyectar esta relación personal en una producción colectiva. Es el paso del *cogito* al *cogitamus* (Latour, 2010). El principio del conocimiento mutuo sustenta la necesidad de una formación mutua, de una formación en cooperación (Niza, 1997).

Hay un conocimiento tácito, implícito, que forma parte del patrimonio de la profesión docente y que se transmite, "naturalmente", de generación en generación. Es crucial que este conocimiento implícito sea "comprendido", consciente y compartido por todos. Para lograrlo es necesario realizar un proceso de explicación en un marco colectivo, colaborativo y colegiado.

La transformación de la formación docente implica cambios fundamentales en la organización de las escuelas y del trabajo docente. El modelo de escuela que ha dominado la historia de la educación induce a pensar en una acción esencialmente individual del profesor, dentro del aula con sus alumnos. Los nuevos entornos educativos se definen en una diversidad de espacios y tiempos, y exigen un trabajo conjunto entre docentes.

La transición de una identidad individual a una constitución colectiva es esencial para el surgimiento del conocimiento docente profesional. Es fundamental valorar los diálogos y encuentros profesionales y los dispositivos que permiten la cooperación y la colaboración; o, dicho de otro modo, que permitan trabajar de manera reflexiva, compartida y analítica, dentro de "comunidades de conocimiento" organizadas por docentes.

Gilles Deleuze se refiere a la "contingencia del encuentro" en un texto sobre Marcel Proust:

"Lo que nos obliga a pensar es el signo. El signo es objeto de un encuentro; pero es precisamente la contingencia del encuentro lo que asegura la necesidad que el signo sugiere. El acto de pensar no surge de una simple posibilidad natural. Es, al contrario, la única creación verdadera (1964, p. 118).

En conclusión, llega a afirmar que el "jeroglífico" se encuentra en todas partes,

"(...) bajo el doble símbolo de la casualidad del encuentro y de la necesidad del pensamiento: fortuito e inevitable" (p. 124).

La contingencia se define, entonces, por el encuentro, por una relación y un diálogo que ocurren dentro de un colectivo. Como pensamiento necesario, construido a partir del trabajo *en común*, el conocimiento profesional docente permite establecer y afirmar la profesión. Es aquí donde reside la posibilidad de renovar la profesión, a partir de sucesivos encuentros intergeneracionales, desde los momentos de formación inicial, hasta el periodo de ingreso a la profesión (inducción docente) y la formación continua.

Este inter-conocimiento contiene inevitablemente una dimensión ética y política. La ética, como compromiso de lucha por la equidad y la justicia social. No hay conocimiento profesional sin este compromiso. La política, como presencia en el espacio público de la educación. No hay conocimiento profesional sin esa presencia. Los profesores no pueden hacerse invisibles. Como colectivo deben asumir plenamente sus responsabilidades en la escuela y en la sociedad.

El conocimiento de cada profesor depende del conocimiento de sus colegas, de las infinitas posibilidades contenidas en sus interacciones y diálogos. ¿Esta apertura hace a los docentes más vulnerables, ya que les obliga a salir de su propio espacio protegido para exponerse a otros y con otros? Tal vez. Pero es la condición necesaria para un desarrollo profesional basado en el conocimiento colectivo, inscrito en la profesión y factor de su proyección pública.

Un conocimiento público

"Hace dos siglos, dijo Settembrini, vivía en nuestro país un anciano poeta, excelente conversador, que concedía gran importancia a la belleza de la escritura, porque, en su opinión, esta conducía a la belleza del estilo. Debería haber ido un poco más allá y decir que un estilo bello conduce a acciones bellas. Escribir bien es casi como pensar bien, y de ahí a actuar bien no hay mucha distancia" (Thomas Mann, 1958, p. 167).

La tercera característica del conocimiento docente profesional es su *naturaleza pública*, lo que implica un proceso de escritura y publicación. El conocimiento se organiza en el momento de su sistematización y difusión. Solo entonces estará disponible para los demás. El conocimiento profesional docente tácito, no solo necesita hacerse explícito, sino también publicarse. Escribir es comunicar, es decir, abrir la posibilidad de pensar juntos. La invitación de Simone Weil debe ser aceptada por los docentes: "Lo que me gustaría hacer es un llamamiento a todos aquellos que saben o hacen realmente algo, y para quienes ese saber o hacer no es suficiente, y que quieren reflexionar sobre lo que saben y hacen" (1966, p. 80). Pero esta reflexión, este entendimiento mutuo, debe extenderse a un ejercicio público, que incluya a los docentes como elementos decisivos en el debate y en las políticas educativas públicas.

El profesorado suele mostrarse algo reacio a escribir, como si este ejercicio les estuviera prohibido y perteneciera solo al ámbito académico. A menudo se quedan recluidos dentro de los espacios escolares. Pero hoy en día no podemos prescindir de su voz pública. El conocimiento docente profesional adquiere legitimidad y relevancia cuando se difunde en toda la sociedad.

Los docentes necesitan tener la posibilidad y el coraje de escribir y publicar. ¿Vale la pena una vida sin riesgos?

"Publicar" tiene un doble significado: editar o imprimir y hacer público. La edición hace que el texto sea autónomo respecto del autor, le da existencia y lo transforma en un "objeto común".

Uno de los pasajes más importantes del último informe de la UNESCO, *Reimaginar nuestro futuro juntos: un nuevo contrato social para la educación*, dice:

> "La profesión docente no termina en el ámbito profesional, sino que continúa en el espacio público, en la vida social y en la construcción del bien común. En este sentido, es especialmente importante que el profesorado participe en la definición de políticas públicas. [...] Ser docente significa posicionarse en la profesión y tomar posición pública sobre los principales temas educativos y la construcción de políticas públicas. Esta participación no se dirige principalmente a defender los propios intereses, sino a proyectar la voz y el conocimiento propios en un ámbito social y político más amplio" (2021, p. 88).

Este es el quid de mi argumento. La reflexión compartida debe extenderse a una sistematización escrita, con el fin de establecer un conocimiento profesional docente en el espacio público. La resonancia de los gestos marca el vigor y la credibilidad de los profesores. Una profesión que no está escrita, no está registrada desde el punto de vista social y queda disminuida en su capacidad de participar en el espacio público y en el espacio de las políticas públicas. Escribir bien es una condición necesaria para pensar bien; y pensar bien nos acerca a la posibilidad de actuar bien. ¿Qué significa *publicación* en su sentido literal? Significa *pública acción*. El conocimiento docente profesional se define en la acción pública.

Lo que estoy defendiendo implica cambios profundos en la organización de la profesión docente y en la formación del profesorado.

La identidad profesional del profesorado no puede diluirse en un conjunto de "figuras" (facilitador, colaborador, tutor...) que parecen aportar un "lenguaje innovador" cuando, en realidad, destruyen el núcleo central de la profesionalidad docente. De la misma manera, los programas de formación docente no pueden ser sustituidos por una serie de talleres o actividades de tecnología, como si un entrenamiento rápido o el contacto esporádico con escuelas fuera suficiente para que alguien se convirtiera en docente.

Necesitamos dar consistencia al conocimiento profesional docente y afirmar su centralidad en el desarrollo profesional de los docentes. ¿Cuáles son las consecuencias concretas de esta postura para la formación docente? Esta es la pregunta que guía la última parte de este capítulo.

PARA CONCLUIR: CONSECUENCIAS PARA LA FORMACIÓN DOCENTE

"Un profesor no es un gurú.../ Un profesor no es un iniciador.../ Un profesor no es un mediador.../ Un profesor no es un autor.../ Un profesor no es un entrenador.../ Un profesor no es un productor.../ Un profesor no es un gerente.../ Un profesor no es un proveedor de servicios.../ Un profesor no es un padre ni una madre.../ Un profesor no es un compañero.../ Un profesor no es un amigo.../ Un profesor no es un líder.../ Un profesor no es un activista.../ Un profesor no es un consejero espiritual.../ Un profesor no es un consejero emocional.../ Un profesor no es un seductor.../ Un profesor no es un director.../ Un profesor no es un guía.../ Un profesor no es un comunicador.../ Un profesor no es un moderador..." (Larrosa, 2019, p. 329).

En uno de sus libros más recientes, *Esperando no se sabe qué. Sobre el oficio de profesor*, Jorge Larrosa presenta de manera provocativa los resultados de un ejercicio sobre "lo que no es un profesor". La provocación podría continuar hasta el infinito: Un profesor no es un facilitador.../ Un profesor no es un tutor.../ Un profesor no es un colaborador.../ Un profesor no es un animador.../... y terminar inevitablemente en una tautología: *Un profesor es un profesor*.

La formación docente no puede fomentar este tipo de ambigüedad y lenguaje que traduce visiones e ideologías nocivas para el futuro de la profesión docente. Para combatirlas y consolidar a los docentes como profesores, es imprescindible consolidar el conocimiento profesional docente e identificar sus consecuencias institucionales, profesionales y públicas en el ámbito de la formación docente.

Consecuencias institucionales

El conocimiento docente profesional es un "tercer tipo de conocimiento". Naturalmente, necesita de un "tercer lugar" para su sistematización y movilización en los procesos de formación docente.

Como regla general, la formación inicial es responsabilidad de las universidades. Hoy en día, es imposible ignorar que las universidades, por sí solas, no son capaces de garantizar una formación profesional adecuada a los docentes. Son esenciales como espacios de conocimiento y de ciencia, pero requieren de la colaboración de los docentes de escuelas y educación básica, y otros actores involucrados. Esta colaboración no puede basarse en jerarquías de poder y relaciones desequilibradas, especialmente entre profesores de la universidad y de las escuelas o institutos.

Como regla general, la educación continua es responsabilidad de las escuelas de educación básica y de los gobiernos estatales y municipales. A menudo buscan ayuda de otras entidades, es decir, empresas y fundaciones. En otros casos piden apoyo a las universidades, pero muchas veces solo para ofrecer cursos en determinadas materias. No puede haber educación continua sin una fuerte presencia de docentes y de escuelas de educación básica, pero esta presencia por sí sola no es suficiente para construir modelos efectivos de educación continua. La práctica por el mero hecho de practicar es repetición y no tiene ningún interés ni utilidad para la formación del profesorado.

Si mi diagnóstico es correcto, entonces la solución es obvia: necesitamos unir universidades y escuelas básicas (primarias y secundarias). Esta "unión" no puede hacerse, como hasta ahora, solo a través de alianzas o convenios específicos: es necesario configurarla como una nueva institucionalidad.

La construcción de este "tercer lugar" es la consecuencia natural de investigaciones y reflexiones producidas durante décadas por varios autores, con énfasis en Ken Zeichner:

> "Necesitamos un nuevo modelo para los programas de formación docente, uno que esté más centrado en la comunidad y la escuela, en el que las universidades, las autoridades municipales y estatales, las asociaciones de docentes y las comunidades loca-

les compartan la responsabilidad de preparar docentes sensibles desde el punto de vista cultural y comunitario y capaces de enseñar a todos los niños" (2017, pp. 10-11).

Se espera que este "tercer lugar" pueda actuar en el *continuum* del desarrollo profesional docente, dotando de coherencia y consistencia a los procesos de formación inicial, inducción docente y formación permanente. Una palabra para subrayar, una vez más, la importancia del periodo de inducción docente o profesional —el periodo de transición entre la formación y la profesión— en la historia de vida y formación de los docentes. Ignorar esos años, como ha sido común en los programas y políticas de formación docente, es un error con graves consecuencias para la profesión docente.

La implementación de una propuesta de este tipo no será idéntica en todas las universidades, municipios y estados. La diferencia es bienvenida, pues pone de relieve la necesidad de, a partir de principios genéricos, arraigar la formación docente en diferentes realidades locales. El futuro se conjuga en plural y no en los esquemas uniformes del pasado.

Consecuencias profesionales

La producción de conocimiento profesional docente no es un gesto individual, sino colectivo, que tiene lugar dentro de la profesión. La reflexión conjunta es central para construir este conocimiento, pero también para organizar programas de formación docente.

El trabajo de los docentes siempre ha tenido una base individual. Tradicionalmente, la enseñanza se desarrolla dentro de un aula, con una configuración propia y relativamente aislada de otros espacios escolares. Esta matriz está cambiando, con la transformación de los entornos educativos y la necesidad de trabajo colaborativo entre docentes. La profesión docente adquiere una dimensión cada vez más colectiva.

Lo que es válido para la profesión es igualmente válido para la formación del profesorado. Necesitamos establecer procesos de formación mutua y cooperativa, lo cual es imposible de lograr sin la presencia conjunta de universidades, escuelas y docentes de educación básica.

La formación de un profesional no se limita a la adquisición de determinados conocimientos o habilidades, implica experiencias, interacciones, dinámicas de socialización, la apropiación de una cultura y un *ethos* profesional. Es una realidad compleja que requiere presencia y trabajo común entre quienes se están formando y quienes ya son docentes.

La situación se hace muy evidente en la etapa de la vida en que nos convertimos en docentes, es decir, en los primeros años de docencia. Es un momento decisivo en nuestra historia profesional, pero a menudo es ignorado tanto por las políticas públicas como por los gobiernos.

Nadie se convierte en profesor sin la colaboración de profesores más experimentados. En esta convivencia adquirimos gestos y cultura profesional. Convivencialidad en su sentido preciso de *vivir con*, es decir, trabajar con, pensar con otros. Para que esto ocurra es necesario que existan condiciones en las escuelas y una nueva organización del trabajo docente.

Al comprender los cambios que se están produciendo en la profesión docente, es posible transformar los modelos y programas de formación docente. No se trata solo de formar a cada docente individualmente, sino también de fortalecer el colectivo docente. Como escribí provocativamente en un antiguo texto, necesitamos "una formación docente construida desde dentro de la profesión" (Nóvoa, 2009).

No se trata de disminuir el papel de las universidades, especialmente en lo que respecta al conocimiento científico y pedagógico. Pero se hace preciso repetir que sin un "tercer tipo" de conocimiento, el conocimiento profesional docente, no hay posibilidad de formar un docente. Es necesario sacar todas las consecuencias de esta afirmación y garantizar la presencia del profesorado en las diferentes fases del proceso de formación docente: desde la formación inicial hasta la formación continua, pasando por el momento de la inducción profesional.

Consecuencias públicas

Una profesión no es solo una realidad interna, también contiene una dimensión externa. El trabajo de los docentes no es solo servir a un público, sino también formar y crear públicos. El conocimiento docente profesional se proyecta fuera de las escuelas y de la enseñanza, en el espacio público de la educación.

En las últimas décadas, los docentes han perdido visibilidad pública y su voz ha sido reemplazada por expertos en temas tan diversos como el currículo, la tecnología, las habilidades socioemocionales y los estudios del cerebro. Públicamente escuchamos muchos discursos sobre educación, lo cual es loable, pero falta mayor presencia y participación del profesorado.

En el momento actual, de profunda transformación en la educación, un cierto repliegue de los docentes "dentro" de los espacios escolares va en detrimento de su prestigio y reconocimiento público. El conocimiento docente profesional es fundamental para el trabajo escolar, pero también proporciona a los docentes mejores condiciones y mayor legitimidad para participar en los grandes debates públicos sobre educación.

Reunir en un mismo espacio a docentes, universitarios, investigadores y autoridades políticas crea buenas condiciones para que los momentos de formación sean también momentos para su afirmación y participación pública. Aislados, los docentes poco pueden hacer, pero, unidos en organismos fuertes, no dejarán de ser debidamente tomados en cuenta por las políticas públicas.

Repito: escribir es muy importante. Por tanto, hablar de la dimensión pública del trabajo docente significa valorar la publicación de sus ideas, experiencias y reflexiones. Son palabras que tienen la misma raíz e intención.

En el caso del profesorado, hay tres palabras que deben ir de la mano: profesión, público y participación. No se espera que los docentes solo se preocupen por mejorar las escuelas y la enseñanza, sino que también participen en la reflexión y la acción sobre cuál debería ser el futuro o los futuros de la educación. Su credibilidad y prestigio dependen de esta proyección hacia el futuro. Poseedores de conocimientos propios, estarán preparados para cumplir su papel como *profesionales públicos*, como profesionales comprometidos públicamente.

CODA
PARA QUE TODO QUEDE CLARO

Lo que siempre me ha interesado es la defensa de los docentes y de su profesionalidad, en el contexto de la puesta en valor de la escuela pública y del espacio público de la educación.

Tomo una postura crítica frente a los discursos que disminuyen o corroen la profesión docente. Me refiero a las interminables discusiones, que se dan desde hace más de medio siglo, sobre la pertinencia o no de aplicar el concepto de profesión a la docencia: es como si estuviéramos ante un círculo vicioso que solo contribuye a degradar al profesorado. Me refiero también a las expresiones cada vez más comunes que tratan a los docentes como colaboradores, facilitadores o mediadores: es como si la palabra "profesor" fuera incómoda e inadecuada para personas y grupos que pretenden diluir la profesionalidad docente.

Estos discursos se traducen en políticas de formación docente que son perjudiciales para ellos. En el primer caso, rechazan la idea de la formación profesional docente y contribuyen a organizar programas de formación docente en los que poco se trabaja o se reflexiona sobre la profesión docente y el trabajo pedagógico. En el segundo caso, dan lugar a procesos de selección de personas sin formación alguna, como si bastara tener conocimientos de un tema o materia para ser docente.

Nada de esto es inocente. La formación del profesorado se ve afectada por intereses diversos (empresariales, universitarios, económicos…), y a veces parece que lo menos importante es el fortalecimiento de la profesión docente. Sabemos lo que hay que hacer, pero nos encontramos enredados en justificaciones para no hacerlo. Ahora es el momento de actuar con valentía, también para las universidades.

Hay muchas maneras de ser docente, diversidad de opciones y caminos. Pero, en todas ellas, hay un punto esencial: el conocimiento profesional docente, un conocimiento contingente, colectivo y público. Es a partir de esto que se deben organizar nuevos modelos de formación docente.

Jóvenes profesores. El futuro de la profesión

¿Qué se entiende por enseñanza en tiempos oscuros y embarazosos?
Se trata de despertar y reforzar a los jóvenes actuales para que
hablen, reflexiones, imaginen y actúen con responsabilidad en un
mundo cada vez más multiforme. La luz puede ser incierta
y vacilante, pero los profesores, con su vida y sus obras, tienen la
notable capacidad de hacerla brillar en todas las esquinas y, tal vez,
conseguir que los recién llegados se unan a otros y se transformen.

MAXINE GREENE

Este capítulo se centra en los profesores jóvenes argumentando que son decisivos para el futuro de la profesión. Aborda la importancia del periodo de inducción profesional, como un "tiempo entre dos", entre lo cursado de formación y el ejercicio pleno de la profesión.

En la segunda parte, se exponen algunas ideas, sobre el desarrollo profesional docente. Finalmente, en la tercera parte, se invita a las Universidades para que se impliquen seriamente en la formación del profesorado y en la inducción profesional docente.

El texto adopta el lema del Día Mundial de los Docentes en el 2019: *"Jóvenes docentes: el futuro de la profesión".*

A finales de la década de 1970, comencé a enseñar en una escuela del magisterio primario. En Aveiro. Yo tenía prácticamente la misma edad que mis alumnos. Fueron momentos muy importantes para mí, en los que tomé conciencia de la importancia que tiene una buena integración en la profesión de los jóvenes docentes.

Más tarde, a principios de los años 1980, comencé mis estudios sobre la profesión docente en la Universidad de Ginebra. Tuve la oportunidad de seguir los primeros estudios de Michael Huberman, en mi opinión el educador y pedagogo más lúcido de la segunda mitad del siglo XX, sobre el ciclo de vida profesional de los docentes. En 1989 asistí al lanzamiento de su obra, *La vida de los profesores*. Cada vez se fue haciendo más clara, en mi reflexión, la importancia de los primeros años del ejercicio profesional, cuando los estudiantes terminan sus carreras y comienzan a enseñar en las escuelas.

Tuve la consciencia clara de que los primeros años como profesor novel o principiante son los más decisivos en nuestra vida profesional docente, pues marcan, de muchas maneras, nuestra relación con los alumnos, los compañeros y la profesión. Es el momento más importante en el camino de nuestra formación docente, en la construcción de nuestra identidad profesional.

Pero también es un momento decisivo para la renovación de la profesión. Es en los diálogos y vínculos entre profesores jóvenes y profesores más experimentados como se define la posibilidad de nuevos procesos y nuevas prácticas pedagógicas. Por eso, esta relación es tan importante. *La profesión docente no tendrá futuro si no cuida mejor a sus profesores más jóvenes.* Este período entre dos fases, entre formación y profesión, es decisivo.

UN TIEMPO ENTRE DOS MOMENTOS
EL PERIODO DE INDUCCIÓN PROFESIONAL

Centrémonos en los primeros años de docencia, ese tiempo comprendido entre finalizar la carrera y comenzar la profesión: el periodo de inducción. Sabemos desde hace mucho tiempo que estos son años decisivos en nuestra vida profesional y personal. Resulta pues sorprendente el cierto vacío que se ha creado, al menos en las últimas décadas, en torno a este periodo. Este periodo entre dos momentos puede considerarse de dos maneras diferentes:

- *Como fase final de la formación inicial,* no para sustituir las prácticas supervisadas, sino para establecer un puente entre la universidad y las escuelas. En este caso, debemos organizar el currículo de pregrado con este período como objetivo. En otras palabras: tenemos que pensar la trayectoria universitaria como un proceso progresivo de socialización profesional, de adquisición de una identidad profesional.

- *Como fase inicial de la profesión,* como el primer momento de experiencia de la profesión, de contacto con todas las realidades de la vida docente. En este caso, hay que insistir en la responsabilidad de la dirección escolar y de los docentes más experimentados a la hora de acoger y apoyar a sus jóvenes compañeros. En otras palabras: tenemos que organizar las escuelas de tal manera que acojan a los jóvenes profesores, integrándolos en el trabajo diario de la profesión.

Ambas maneras de pensar son útiles y pertinentes, pero quiero, sobre todo, llamar la atención sobre la necesidad de dar a este período de tres o cuatro años una profundidad propia, es decir, considerarlo autónomamente como un tiempo central para que cada joven docente adquiera su propia identidad profesional docente. Para ello, es necesario superar tres silencios que han marcado el periodo de inducción profesional:

- *El silencio de las instituciones universitarias de formación del profesorado*, que han prestado poca atención a este período, considerando que su trabajo finaliza con la obtención del título.
- *El silencio de las políticas educativas*, que no han logrado definir los procesos necesarios para la selección y reclutamiento de candidatos para la docencia, el acceso a la profesión y el seguimiento de los jóvenes docentes en las escuelas.
- *El silencio de la propia profesión docente*, es decir, de los docentes en ejercicio, con mayor experiencia, y que deben asumir un mayor compromiso con la formación de sus jóvenes compañeros, lo que implica también nuevas formas de organizar el trabajo docente.

Mi argumento es que el período de transición entre la formación y la profesión es fundamental en la forma en que nos convertimos en docentes, en la forma en que construimos una carrera docente y en la forma en que la propia profesión docente se renueva.

La inducción profesional se puede realizar de varias maneras. Aunque existe abundante literatura sobre este tema, con miles de títulos publicados en los últimos años, las experiencias concretas aún son limitadas. Pero ya es posible construir una reflexión crítica para intentar llenar ese "vacío".

La *residencia docente* es una de las formas de inducción profesional. En mi opinión es un concepto más adecuado que el de "residencia pedagógica", pues se trata de integrar a alguien a una profesión, la docente, y no solo a un conocimiento o a una forma de actuar, la pedagogía.

La inducción exige que los tres vértices del triángulo estén presentes y articulados de forma sólida y equilibrada: las instituciones universitarias de formación docente; las entidades gestoras de la educación pública; las escuelas y docentes de educación básica.

En algunos países predomina una estrategia política, centrada fundamentalmente en la selección y en un "periodo posterior de prueba", que acaba alejando los programas universitarios y devaluando el papel del colectivo docente. Concebidas de esta manera, las experiencias de inducción o residencia adquieren una tendencia pragmática (práctica) y enfatizan la importancia de los periodos de prueba o exámenes de ingreso a la profesión, perdiendo mucho de su interés.

Mi enfoque tiende a valorar un equilibrio entre los tres vértices y, sobre todo, el refuerzo del punto que menos atención ha recibido, el colectivo docente. Esta ha sido siempre mi preocupación, y lo es aún más a medida que se hacen más pronunciados los procesos de disociación entre universidades y escuelas, entre investigadores y profesores, entre políticas y profesión.

El aspecto central que me interesa destacar es la necesidad de construir ambientes escolares propicios para la socialización profesional. Mi reflexión contiene una crítica implícita a los actuales enfoques existentes —en las universidades y en las escuelas, pero también en el modo en que se selecciona a al profesorado— que no son favorables al desarrollo profesional de los docentes, ni en su primera fase (formación inicial), ni en su fase intermedia (inducción profesional), ni posteriormente en el ejercicio profesional en las escuelas (trabajo docente).

Me atrevo, incluso, a afirmar que no es posible formar adecuadamente a un docente, ni en los marcos universitarios actuales, ni en ambientes escolares mediocres y poco interesantes. Para que el período de inducción adquiera densidad y sentido, es necesario repensar los entornos de formación, de investigación y de trabajo:

1. Para construir carreras de pregrado significativas, es necesario cambiar el entorno de la formación inicial, construyendo terceros espacios de conexión entre universidades, escuelas y gestores públicos.

2. Para valorar la profesión docente, es necesario crear condiciones para la producción de un tercer tipo de conocimiento, el conocimiento profesional docente.

3. Para fortalecer a los docentes como colectivo docente, es necesario reorganizar los ambientes escolares, favoreciendo el trabajo colaborativo y la co-construcción de conocimientos y pedagogía (Nóvoa, 2017; Nóvoa y Alvim, 2022).

En un equilibrio entre estos tres entornos, podemos imaginar un recorrido de formación e integración en la

profesión que, teniendo como punto de unión los primeros años de ejercicio profesional, contribuya a reforzar la
profesionalidad docente, renovando y valorando el trabajo
de los docentes.

SEIS PUNTOS QUE PARECEN SIMPLES

Uno

Todo comienza con un reconocimiento, que parece
sencillo, pero quizá no lo sea: la formación docente es una
formación profesional de nivel universitario. Algunos sostienen que debería ser una "formación profesional", pero no
necesariamente de "nivel universitario", pues bastaría una
formación técnica, práctica, "vocacional", que preparara a
los docentes para su trabajo diario. Es por ello que en muchos países la formación docente aún está en manos de
"escuelas normales" o similares, de nivel secundario y de
carácter aplicado.

Otros sostienen que debería ser "de nivel universitario",
pero no les gusta que sea de "formación profesional", pues
entienden esa denominación como una reducción o devaluación de las dimensiones teóricas. Es por esto que en muchos países la formación docente se encuentra en medio de
cursos que capacitan para diversas actividades o profesiones
docentes y educativas, diluyendo la especificidad de la formación docente.

Personalmente, sostengo que hablar de *formación profesional*, es decir, formación para una profesión, es elevar, no
disminuir. Se trata de dignificar y no de devaluar a los docentes. De hecho, es fácil elaborar una lista de libros, teorías

y conceptos que los profesores deberían conocer. Es difícil enseñarlas de forma problemática, emancipadora, a partir de reflexiones centradas en la vida, la cultura y el ejercicio de la profesión.

Pero también sostengo que la formación docente debe realizarse en el ámbito universitario, pues es allí donde se desarrollan las profesiones basadas en el conocimiento (medicina, ingeniería, derecho, etc.). Es necesario que la universidad comprenda, de una vez por todas, la necesidad de construir alianzas y vínculos con las escuelas, los docentes y los organismos de gestión de la educación pública, pues solo así se podrán construir políticas coherentes de formación y desarrollo profesional.

⟩ Dos

Todo continúa con otro reconocimiento, que parece sencillo, pero quizá no lo es: la formación docente debe concebirse a lo largo de todo el ciclo de vida profesional, desde el primer día como egresado hasta el último día como docente. De hecho, para pensar en los docentes y su formación, hay que tener en cuenta toda la vida profesional docente, construida en torno a tres grandes momentos:

1º. Curso de formación de profesores. Son estudiantes que aún no son profesionales, pero que deben ir asumiendo paulatinamente una cultura profesional docente.

2º. Inducción profesional. Son docentes que ya son profesionales, pero que en la mayoría de los casos aún se encuentran en un periodo de experimentación o prueba.

3º. Práctica docente en un centro educativo. Se trata de docentes en pleno ejercicio autónomo de su profesión, y que deben permanecer involucrados en dinámicas de formación permanente.

Estos tres momentos son muy distintos, pero deben articularse de manera coherente. Incluso podemos argumentar que todavía hay una fase anterior al primer momento, relacionada con las estrategias para atraer estudiantes de secundaria a los cursos de pregrado, y una fase posterior al último momento, orientada a una salida pacífica de la profesión.

El estatuto de los docentes o futuros docentes debe quedar claro en cada uno de estos momentos, pues este define también sus grados de autonomía y responsabilidad: en un primer momento, son estudiantes, sin autonomía a nivel profesional; en el segundo momento, ya son profesionales, aunque con niveles de autonomía limitados; en tercer momento, son profesionales autónomos en el pleno ejercicio de sus funciones.

Este diagrama nos permite comprender mejor las razones y el significado de la segunda etapa, la de la inducción profesional.

● Tres

Hace aproximadamente cuatro décadas, al comienzo de los 80, hubo una gran expansión de los estudios relacionados con el ciclo de vida profesional de los docentes. Estos estudios fueron el resultado de la intersección de tendencias ya establecidas en psicología respecto del "desarrollo profesional" (*career development*) y el renovado interés de la sociología por las "autobiografías" o "historias de vida".

Cuando se trata de historias de vida de profesores, el autor más brillante, por su inteligencia y sensibilidad, fue, sin duda, Michael Huberman. Sus obras sobre la vida de los profesores o las etapas de la carrera docente, de finales de los años 80, siguen siendo hoy una lectura imprescindible. Me gustaría destacar dos líneas de reflexión y análisis de este investigador y docente que fue, ante todo, un pedagogo.

Por una parte, la importancia de contemplar todo el ciclo de vida del profesorado, entendiendo cómo las fases iniciales influyen en la relación con la profesión, y viceversa, y cómo la experiencia más madura de la profesión está influenciada por los recuerdos de los primeros años de docencia. Por otra parte, la llamada de atención sobre la relevancia de los primeros años como docente, durante los cuales los docentes principiantes siguen un proceso de inducción (introducción, inscripción, integración, socialización) en la profesión.

Ya en ese momento, Michael Huberman se cuestionaba la falta de políticas de apoyo y formación para los docentes principiantes. Desde hace treinta años, la investigación viene confirmando, con profusión de estudios y trabajos, la relevancia de este segundo momento del ciclo de desarrollo profesional, aunque al mismo tiempo que revela la pobreza o fragilidad de las políticas dirigidas al profesorado debutante. Es a partir de esta doble observación que se han consolidado los programas de inducción profesional.

◉ Cuatro

Los programas de inducción profesional tienen como objetivo establecer un puente entre la formación inicial y el ejercicio profesional independiente. En este sentido, no deberían estar dirigidas a "estudiantes", sino a "profesionales" que se encuentran al inicio de su carrera docente. Los programas de inducción profesional, también en la modalidad de "residencias docentes", no pretenden sustituir o mejorar las prácticas docentes ni las prácticas universitarias tradicionales. Esas experiencias formativas son ciertamente muy importantes, pero forman parte de la "formación inicial", no de la "inducción".

Las residencias docentes deben estar destinadas a aquellos profesores y profesoras principiantes, recientemente contratados dentro de los sistemas educativos públicos. Están dirigidos a docentes noveles, que ya son responsables ante sus alumnos, en el marco de su autonomía profesional. Es aquí donde radica el interés de las residencias docentes. La tutela ya no corresponde a los profesores universitarios, sino a los docentes que trabajan en las escuelas de educación básica. Este punto es muy importante, ya que están en juego cuestiones de "poder" en el control de la profesión: o bien la prolongación de un "poder universitario" sobre los docentes o bien la afirmación de un "poder colectivo de los docentes" sobre su propia profesión.

En este sentido, las residencias docentes constituyen un momento fundamental para la integración a la profesión, a través del apoyo, orientación y supervisión del profesorado con mayor experiencia. Son un elemento fundamental, no solo para asegurar un ingreso más natural a la docencia, sino también para consolidar una perspectiva más colectiva y colegiada sobre el ejercicio profesional docente. El futuro del profesorado pasa necesariamente por una vivencia más colaborativa, cooperativa, de la profesión, que comienza en estos primeros años de docencia.

◉ Cinco

La inducción profesional, en forma de residencia docente u otro modelo, es un momento decisivo en la historia individual de cada docente, porque asegura una buena transición entre la formación y la profesión. Como investigadores, pedagogos y docentes, debemos poner nuestras mejores energías en comprender esta realidad y producir estrategias y políticas coherentes para apoyar a los docentes principiantes.

En determinados casos se produce una ampliación de la "supervisión universitaria", considerándose las residencias parte de la formación inicial, lo que, en mi opinión, es erróneo. De esta manera se pueden resolver algunos problemas de retrasos en la contratación de jóvenes docentes y crear condiciones para que continúen su formación, pero se pierde el sentido profesional de acogida por parte de la profesión, que debería ser el eje central de las residencias. Los docentes de educación básica, que ya estaban en gran medida excluidos de los cursos de formación docente o desempeñaban un papel menor en ellos, ahora también están excluidos del proceso de integración de los más jóvenes en la profesión.

En otros casos, se impone una "tutela administrativa", considerándose las residencias únicamente para la valoración de los periodos experimentales o de prueba, lo que, a mi juicio, desvirtúa su sentido. De esta manera se resuelven los problemas de evaluación de los candidatos a la docencia, pero se pierde el trabajo de socialización y adquisición de una cultura profesional docente. Una vez más, los docentes de educación básica terminan desempeñando un papel secundario en este proceso.

Mi concepción de la residencia docente se basa en el surgimiento de una "tercera fuerza", integrada por los propios docentes de educación básica, ejerciendo plenamente sus derechos y obligaciones en la formación e integración de las nuevas generaciones de profesionales. Soy consciente de que esta posición implica cambios profundos en la organización de la profesión docente y de las escuelas, reforzando sus dimensiones colectivas y, sobre todo, su autonomía y capacidad de autoorganización. Este es el camino que siempre he defendido para los docentes.

◉ Seis

Para mí, la inducción profesional es un momento decisivo, no solo para la formación del profesorado y su integración a la carrera docente, sino también para la renovación de la propia profesión docente. Por eso me parece esencial pensar este momento.

La inducción profesional tiene lugar después de la "formación inicial" y debe concebirse como una primera etapa de la "formación continua". La mayor responsabilidad debe recaer en los propios docentes de educación básica. No se puede negar la importancia del papel del profesorado universitario, ya que tiene un importante aporte que hacer a las residencias. Tampoco se niega el papel de las entidades gestoras de la educación pública. Pero el papel central lo deben desempeñar los propios profesionales de la enseñanza, los docentes más experimentados.

Un día, cuando era rector de la Universidad de Lisboa, pregunté a algunos grandes médicos del Hospital de Santa María, nuestro hospital universitario, qué función consideraban más importante en su trabajo diario. De todos recibí la misma respuesta: "Para nosotros, la clínica y la docencia son muy importantes, pero nada es más importante que la acción que desarrollamos con los jóvenes médicos, ayudándolos, apoyándolos, en su ingreso a la profesión". Algún día me encantaría escuchar la misma respuesta de los profesores de primaria y de secundaria, asumiendo que el compromiso de apoyar a los docentes jóvenes es un elemento esencial de su trabajo y de su responsabilidad intergeneracional.

Lo que me interesa en el debate sobre la inducción profesional, a través de residencias docentes u otros modelos, es el lugar de la profesión docente, es el refuerzo de los propios docentes en la formación, producción y regulación de su profesión.

UNA INVITACIÓN A LAS UNIVERSIDADES

Una invitación a las Universidades a que asuman un compromiso serio con la educación básica y a que se involucren plenamente en la formación del profesorado. Históricamente, las universidades han mostrado poco o ningún interés en la educación básica. Sus prioridades siempre fueron diferentes. Y peor aún en las últimas décadas, cuando el "productivismo académico" se apoderó de la vida universitaria y nos orientó por completo hacia las publicaciones científicas.

En lo que respecta a la educación básica, lo máximo que se escuchó fue este lamento cíclico e insoportable que se repite generación tras generación, quejándose de que los estudiantes no saben nada, que vienen del instituto mal preparados, que no están preparados para los cursos universitarios, que son semianalfabetos, etc.

Siempre fue un lamento inconsecuente, que no provocó ningún cambio en la relación entre la universidad y la educación básica. Ha sobrevivido hasta nuestros días y continúa repitiéndose, de manera irresponsable, es decir, sin que ello genere ninguna nueva responsabilidad para la universidad.

De vez en cuando, especialmente después de mediados del siglo XX, surgió alguna iniciativa dispersa para promover la universidad en la educación secundaria. Pero en la mayoría de los casos se debe a mero oportunismo, cuando los cursos de STEM —Ciencia, Tecnología, Ingeniería y Matemáticas— se quedan sin estudiantes.

No desconozco las historias de vida de muchos universitarios de todos los ámbitos —filósofos, científicos, artistas, médicos, pedagogos, ingenieros— que dedicaron lo mejor de sí mismos a la educación y a la formación del profesorado.

Como parte de mi trabajo, tuve que leer y evaluar cientos, quizás miles, de CV académicos. Nunca he visto a nadie darle centralidad al trabajo de formación del profesorado. Incluso en el ámbito de la Educación, lo que siempre viene primero son los artículos científicos y los proyectos de investigación.

Debido a los cargos que ocupé, tuve que analizar y estudiar los planes estratégicos de cientos de universidades alrededor del mundo; nunca he visto en ninguno de ellos que su prioridad fuera la formación del profesorado. La formación docente no puede seguir siendo una misión menor, relegada a un plano secundario, como si fuera un resultado "natural" del trabajo en otras áreas científicas, como si no requiriera una atención especial, una reflexión específica o una inversión transversal de toda la Universidad.

No creo que pueda haber un cambio significativo en la formación docente si no entendemos estas dos cuestiones:

- La formación docente no es solo una materia de Educación, sino que concierne a todos los ámbitos de la Universidad.
- La formación docente no es solo un asunto universitario, pues implica una presencia fuerte y organizada de los docentes de escuelas y de educación básica, así como de los gestores de la educación pública.

En este sentido, vengo defendiendo la existencia de una "casa común de formación y profesión": algo común dentro de la Universidad, que aglutine todas las carreras de Grado; un "hogar común" entre la Universidad y las redes educativas públicas. Se trata de una nueva realidad, que reúne en un "tercer espacio" a todos aquellos que están interesados en la formación docente dentro de la Universidad y a todos aquellos que, fuera de la Universidad, tienen un papel decisivo que desempeñar en esta misión: escuelas, docentes, autoridades municipales y estatales, asociaciones de docentes, etc.

Esta casa común no puede excluir ni disminuir ninguna presencia, no fue creada para disputar poderes ni dentro ni fuera de la Universidad, sino para agrupar y fortalecer la formación docente y la profesión docente. Hay muchas experiencias de este tipo en varios países, pero es necesario continuarlas y fortalecerlas y, sobre todo, que tengan competencias para organizar el periodo de inducción profesional (Zeichner, 2012, 2017). Es desde este "punto" que se pueden imaginar e implementar cambios importantes en la profesión docente, influyendo, por una parte, en las titulaciones universitarias y, por otra, en la dinámica de las escuelas. No puedo imaginar nada más importante ni más urgente a llevar a cabo por las universidades en el ámbito de la educación.

EN CONCLUSIÓN

Vivimos un momento difícil en la formación del profesorado. Por un lado, existe un ataque que, en muchos países, acusa a las instituciones de formación docente universitaria de mediocridad e irrelevancia. Las políticas conservadoras y neoliberales buscan regresar a una época, anterior a las Escuelas Normales, cuando no existían modelos de formación institucionalizados, sino solo aprendizaje junto a un docente más experimentado.

Por otro lado, hay una falta de acción de las instituciones universitarias y de las comunidades académicas, envueltas en luchas internas de poder y, sobre todo, en la protección de sus carreras, cada vez más guiadas por el ritmo de los artículos científicos y cada vez menos por el compromiso con la formación docente. Hoy en día, no existe en las universidades un lugar donde puedan trabajar juntos todos los que se ocupan de la formación del profesorado (matemáticos, historiadores, biólogos, pedagogos, etc.), un lugar donde se valore el trabajo de formación del profesorado como un compromiso con la escuela pública, con la investigación sobre la enseñanza y con la acción pública en educación.

La formación docente es un espacio central en la defensa de la escuela pública y de la profesión docente. No puede haber una buena formación docente si la profesión es frágil y está debilitada, si la formación docente se devalúa y se reduce sólo a las materias a enseñar o a las técnicas pedagógicas.

Por eso quiero destacar la importancia de la relación entre formación y profesión y, en particular, del periodo comprendido entre formación y profesión. Es en este tiempo en el que nos convertimos verdaderamente en maestros, cuando adquirimos una piel profesional que se injerta en nuestra piel personal.

Se trata de una cuestión central para la integración de cada persona en la profesión, pero también es una cuestión central para el futuro de la propia profesión docente.

Los docentes jóvenes son fundamentales para renovar la vida de la profesión y de las escuelas. Estamos viviendo la mayor transformación de la historia de la educación y la pedagogía. Necesitamos acoger a profesores jóvenes si queremos darle un futuro a la profesión docente.

El profesorado después de la pandemia.

La reinvención del futuro

La educación verdadera debe incluir los propósitos y las energías de aquellos que están siendo educados. Para garantizar esa inclusión, los profesores deben construir relaciones de cuidado y de confianza y, en el seno de esas relaciones, alumnos y profesores deben construir, cooperativamente, los objetivos educacionales.

NEL NODDINGS

Este capítulo llama la atención sobre la necesidad de cambios profundos en el trabajo docente. En tiempos de crisis, necesitamos creer en el profesorado y en su capacidad de acción. Por eso, se critican tres ilusiones bastante habituales, que la pandemia volvió aún más visibles: que los aprendizajes se producen de manera natural en tiempos y ambientes diferentes; que la "escuela física" va a dejar su puesto a la "escuela virtual"; que la pedagogía puede ser sustituida por las tecnologías.

Como alternativa a esas fantasías se subraya que la educación implica siempre una intencionalidad. Por eso, es preciso valorar el papel del profesorado en la configuración de una pedagogía basada en el encuentro.

El texto adopta el lema del Día Mundial de los Docentes en el 2020: *"El profesorado después de la pandemia: la reinvención del futuro".*

En 2020 todo cambió. Con la pandemia concluyó el largo siglo escolar iniciado en la segunda mitad del siglo XIX. La escuela tal como la conocíamos ha terminado. Ahora, comienza otra escuela. La era digital se ha impuesto en nuestras vidas, en la economía, en la cultura y la sociedad, y también en la educación. No había nada planeado. Todo llegó de repente. Inesperadamente. Brutalmente.

Nada estaba planeado, pero todo estaba listo. Hay acontecimientos, algunos de gran importancia, con poco impacto en el futuro. Hay otros que en un instante lo cambian todo. Se trata de "acontecimientos" que ocurren en sociedades que ya reconocen la necesidad de transiciones y tienen los "instrumentos" para llevarlas a cabo (Nóvoa y Alvim, 2021). Esto es lo que está sucediendo hoy, con este lamentable evento, la COVID-19. En apenas unos meses se produjeron transformaciones que en tiempos normales habrían llevado décadas.

Desde principios del siglo XXI, las tendencias hacia la crítica a las escuelas, especialmente las públicas y a los docentes, han ido en aumento. Por un lado, a través de una dinámica creciente de repliegue de la educación a espacios domésticos y protegidos, con familias que protegen a sus hijos de la exposición pública y del contacto con otros que son diferentes. Por otra parte, gracias a una expansión sin precedentes de una "industria educativa global" (Verger, Lubienski, y Steiner-Khamsi, 2016), fuertemente basada en lo digital, con ofertas privadas, pero interesadas sobre todo en la producción de contenidos, materiales y herramientas de gestión para la educación pública.

La pandemia ha dado un enorme impulso a estas tendencias, que ahora aparecen como algo "inevitable" para el futuro. Con discursos atractivos, innovadores, emprendedores y creativos, niegan la herencia histórica de la escuela y buscan promover una educación vaciada de dimensiones públicas y comunes, guiada por el ritmo del "consumismo pedagógico" y del "solucionismo tecnológico".

Muchos, seducidos por el canto de estas sirenas, se adhieren acríticamente a las modas y a un camino de novedad que es todo menos transformación. Otros, asustados, evitan cualquier debate y quieren imaginar el presente como un mero paréntesis hasta que las cosas vuelvan a su cauce, a la feliz normalidad de siempre. No nos dejemos atrapar por esta dicotomía entre "ilusionismo futurista" y resignación. Es necesario comprender la profundidad del presente y actuar para construir otra escuela, no para hacer desaparecer la que tenemos.

La cuestión digital merece una atención especial por nuestra parte. No hemos olvidado las sabias reflexiones de Michel Serres cuando, hace casi diez años, publicó *Pulgarcita*, la generación que habita el mundo escribiendo con los dedos. Después de recorrer los tres grandes períodos históricos de la educación y la pedagogía: la escritura, el libro y lo digital, explica que las tecnologías nos obligan a salir del formato espacial del libro y la página:

"Espacio de circulación, oralidad difusa, movimientos libres, fin de las clases clasificadas, distribuciones dispares, serendipia de la invención, velocidad de la luz, novedad de sujetos y objetos, búsqueda de otra razón... [...] La difusión del conocimiento ya no puede tener lugar en ninguno de los campus del mundo, ordenados, formateados página por página, racionales a la antigua usanza, imitando los campamentos del ejército romano" (Serres, 2012, p. 47).

Hoy en día no es posible pensar en la educación y en los docentes sin una referencia a las tecnologías y a la "virtualidad". Vivimos en conexiones ilimitadas, en un mundo marcado por fracturas y divisiones digitales. Es necesario afrontar estas tensiones con lucidez y valentía: tensiones entre el empobrecimiento de la diversidad y la valorización de culturas y modos de vida diferentes; entre la disminución de la privacidad y la libertad y la afirmación de nuevas formas de democracia y participación; entre la reducción del conocimiento a lo digital y la importancia de todo conocimiento, humano y social.

Sabemos que el gran "mercado global de la educación" seguirá creciendo en los próximos años. ¿Qué hacer? Lo más importante es reforzar la esfera pública digital, desarrollar respuestas públicas en la organización y "el cuidado" de lo digital, crear alternativas sólidas al "modelo de negocio" que domina internet, promover formas de acceso abierto y uso colaborativo. Es a partir de estos principios que podemos imaginar una apropiación de la tecnología digital en los espacios educativos y su uso por parte de los docentes, sin caer en el sinsentido de reproducir las clases tradicionales "a distancia" o en la ilusión de que las tecnologías son neutrales y nos brindan soluciones "listas para usar".

Debemos pensar en ello sin dejarnos llevar por la inmediatez. Solo podremos encontrar nuevas posibilidades si nos liberamos de la tiranía del presente. Entonces podremos cumplir con nuestra responsabilidad hacia la humanidad futura. Este texto comienza con una crítica a tres ilusiones peligrosas:

- La ilusión de que la educación está en todas partes y en todo momento y sucede, de forma natural, en un conjunto de entornos, principalmente familiares y virtuales.

- La ilusión de que la escuela como entorno físico ha terminado y que, a partir de ahora, la educación se realizará mayoritariamente "a distancia", con acceso a diferentes "orientadores" o "tutores" del aprendizaje.
- La ilusión de que la pedagogía, como conocimiento especializado de los docentes, será sustituida por tecnologías "aumentadas por inteligencia artificial".

Como alternativa a estas "ilusiones", se utilizan tres términos para destacar que la educación implica siempre intencionalidad, y exige un esfuerzo para construir, crear y componer las condiciones, los ambientes y los procesos propicios para el estudio y el trabajo de los estudiantes. Es este esfuerzo el que define el papel de los docentes.

Cada parte del texto sugiere un *tempo musical*. Porque no hay un solo ser humano en este planeta que no tenga una relación con la música: "La mayor parte de la humanidad no lee libros, pero sí canta y baila" (Steiner, 2006, p. 9). La música nos une y nos libera. Al igual que la educación.

El título elegido, *Los profesores después de la pandemia*, está inspirado en la conferencia de Theodor Adorno, *La educación después de Auschwitz*, pronunciada en 1966 (véase Adorno, 2003). En otras palabras: ¿cómo podemos superar tragedias tan profundas y mantener la esperanza sin la cual la educación es imposible? He ahí la razón por la que somos profesores.

¿Cómo podemos mantener la esperanza frente a la "horrible recaída del humanismo en la bestialidad" (Zweig, 2015, p. 19)? El escritor busca una respuesta y la encuentra en la vida de Montaigne: haber sido razonable "él mismo, haber permanecido humano en un tiempo de inhumanidad, mantenerse libre en medio de la locura de las masas" (p. 24).

La lucidez es la clave de la libertad. La máxima de Montaigne, "El hombre inteligente no tiene nada que perder", se actualiza en la máxima de Zweig: "La locura de tu tiempo no es una calamidad mientras mantengas tu lucidez" (2015, p. 26).

¿Qué es la lucidez sino la capacidad humana de pensar? En *La vida del espíritu*, Hannah Arendt (1971) evoca el pensar como una facultad que nos distingue y nos hace únicos como seres humanos. Escritora y testigo ocular de un mundo de deshumanización, Arendt evoca la "urgente necesidad de la razón", entendida como la actividad de pensar, que se basa en el sentido de las cosas y no en su conocimiento. Lo que nos hace humanos no es más conocimiento, más técnica, más verdad, sino la búsqueda de sentido en nuestras acciones.

En el contexto de la imposibilidad de la experiencia, es necesario, como nos advierte Jorge Larrosa (2015), construir un lenguaje para la conversación, para que podamos elaborar con otros el sentido o la falta de sentido de nuestra experiencia. Elaborar el sentido de nuestra experiencia significa situarnos en la tensión freiriana entre la denuncia de un presente cada vez más intolerable y el anuncio de un futuro que debe ser creado por nosotros, mujeres y hombres (Freire, 1994). Creemos que solo podemos expresarlo a través de un lenguaje de conversación.

Primer movimiento: *Andante con moto*

El papel del profesorado en la construcción de un espacio público común

(*Andante con moto*. Al ritmo del andar humano, placentero y mesurado. ¿Hay educación en la ciudad? Ciertamente. Pero no puede ceder a los ritmos de la "ciudad", al frenesí de un presente permanentemente agitado. La educación necesita la calma del tiempo, con movimiento. Quizás escuchando a Schubert, recordando a George Steiner y su indignación: en aquella época, algunos nazis escuchaban e interpretaban, aparentemente de forma sublime, sus obras y luego iban a cumplir con su "deber", torturando y asesinando en los campos de concentración).

La indignación de George Steiner hacia los nazis, sensibles al agradable sonido de Schubert e indiferentes a los horrores cometidos en los campos de concentración, tiene su eco en las preguntas de Hannah Arendt durante el juicio al nazi Eichmann, que tuvo lugar en 1961. Tras el juicio a uno de los principales responsables de organizar el exterminio de judíos en Alemania, Arendt se indignó no solo por la monstruosidad de los actos de Eichmann, sino también al verse ante un hombre "absolutamente vulgar", que no mostraba "ningún signo de firmes convicciones ideológicas ni motivos malvados específicos". Lo que lo caracterizaba "no era la estupidez, sino la irreflexión" (Arendt, 1971, p. 14).

La ausencia de pensamiento, en el análisis de Arendt, no estaba relacionada con la ausencia de conocimiento, sino con la incapacidad de reflexionar sobre las atrocidades cometidas. La "banalidad del mal" no residía solo en la monstruosidad de esas atrocidades, sino en la ausencia de la facultad de pensar. Basándonos en Arendt y Steiner, nos preguntamos: ¿es posible escuchar a Schubert al ritmo de un paseo humano? ¿Es posible detenerse y pensar, para darle sentido a lo que nos sucede?

La pandemia ha paralizado al mundo. Cerraron las escuelas. ¿Pero fue capaz de frenar la industria educativa global, el consumismo pedagógico y la privatización de la educación? ¿La pausa en el frenesí de los sujetos transeúntes de la ciudad, que se ven, pero no se miran, se tropiezan, pero no se encuentran, fue acompañada por una pausa en la reflexión sobre la escuela y en la producción de otros sentidos sobre su finalidad educativa frente a la fragmentación de los lazos sociales y el empobrecimiento de la capacidad de los sujetos para "intercambiar experiencias? (Benjamin, 1996).

Mirando hacia atrás, cuando a finales del siglo XIX se consolidaron los grandes sistemas educativos, la escuela pasó a ser obligatoria. Las sociedades asignaron a una institución especializada la responsabilidad principal de educar a las nuevas generaciones, al menos en lo que se refiere a la adquisición de las bases de la cultura y del conocimiento. La escuela funcionó "aislada" de la sociedad y, a pesar de numerosos intentos de conectar con las familias y las comunidades, permaneció así durante todo el siglo XX. De esta manera la escuela pudo cumplir su misión y además proteger a los niños, especialmente frente al trabajo infantil.

Este contrato quedó obsoleto a medida que las familias prestaron más atención a la educación escolar y las sociedades se volvieron más permeables y conectadas. En *Aprender a ser*, el informe de la UNESCO, coordinado por Edgar Faure, se recomendaba utilizar "todos los tipos de instituciones existentes, educativas y de otro tipo, y múltiples actividades económicas y sociales con fines educativos" (1972, p. 207).

Progresivamente, la idea del "aprendizaje ubicuo", es decir, el aprendizaje que tiene lugar en todos los espacios y en todos los momentos, se ha ido instaurando en el imaginario educativo (Gros, Kinshuk y Maina, 2016). La combinación de los principios de la educación permanente (*lifelong*, a lo largo de la vida; *lifewide*: en todos los ámbitos vitales), impulsada por la valoración de todas las formas de educación y aprendizaje (formal, informal, experiencial, en una situación de trabajo, etc.), también debe considerarse en el contexto de un cambio importante en la demografía y el trabajo.

Si las proyecciones de una esperanza de vida de más de 100 años y una reducción del trabajo debido a los procesos de automatización son ciertas, ¿qué consecuencias podemos extraer para la educación? ¿Conseguiremos, por primera vez en la historia, concebir la educación no como una preparación para la vida y el trabajo, sino como una actividad inherente a la condición humana? ¿Dejará la educación de ser pensada primordialmente para las primeras edades, aunque sea patente que se extiende "a lo largo de la vida", para comenzar a desarrollarse en una dinámica intergeneracional?

De manera caótica y dramática, la pandemia hizo inevitables estas preguntas al eliminar, en apenas unos días, las fronteras escolares erigidas durante los dos últimos siglos. Fue un shock sin precedentes en la historia de la educación. Por ahora, prevalecen las ilusiones, alimentadas sobre todo por la posibilidad de que la escuela sea sustituida por el "hogar" y la "tecnología". Citemos el juego de palabras de

François Dubet: "La escuela en la escuela es mejor que la escuela en casa y mejor que la escuela digital" (2020, p. 111).

En primer lugar, hay que decir que "casa" es lo opuesto a "escuela". En casa estamos entre iguales, en la escuela entre diferentes: y lo que nos educa es la diferencia. En casa estamos en un entorno privado, en la escuela estamos en un entorno público. En casa estamos en un lugar que es nuestro, en la escuela estamos en un lugar que es de muchos, y nadie se educa sin emprender un camino en compañía de otros. La gran ventaja de la escuela es que es diferente del hogar.

Por eso es tan importante la colaboración entre escuelas y familias, porque son realidades diferentes y ambas se benefician de esta complementariedad.

En segundo lugar, hay que decir que las tecnologías, por sí solas, no educan a nadie. Es difícil evitar una de las frases más famosas del siglo XX: "el medio es el mensaje". En aquel momento se hacía referencia a los "medios de comunicación" y Marshall McLuhan tenía toda la razón: "El mensaje de cualquier medio o tecnología es el cambio de escala, ritmo o patrón que introduce en la vida humana" (1969, p. 21). Hoy en día, la frase adquiere otra dimensión, dadas las infinitas posibilidades de lo digital. Nadie en su sano juicio puede negar su importancia.

Pero las cuestiones tecnológicas no son solo tecnológicas, son pedagógicas y políticas. Nuestra pregunta es la misma que se hacía Gert Biesta, incluso antes de la pandemia: "¿Es hora de renunciar a la escuela moderna y sus promesas, entregándosela a Pearson, Google y otros capitalistas de la educación, o deberíamos intentarlo una vez más y, de ser así, ¿qué deberíamos hacer?" (2019, p. 657).

Las ilusiones de "casa" y "tecnología" se retroalimentan mutuamente y arrastran a una tercera ilusión: con acceso a la tecnología digital y gracias al apoyo de los padres o de algún "tutor", el aprendizaje se produciría de forma natural o espontánea. Es una ilusión peligrosa y errónea. En uno de los grandes libros de la pedagogía contemporánea, *La mystification pédagogique*, Bernard Charlot explica que "la educación no puede realizarse mediante la simple inmersión del niño en el medio social", ya que es necesaria "la mediación entre el niño y los modelos sociales" (1976, p. 262).

El contrato entre escuela y sociedad, establecido a finales del siglo XIX, debe ser revisado. La pandemia ya lo ha revocado. Necesitamos pensar en lo que llamamos "capilaridad educativa", una metáfora que busca traducir la difusión de la educación a través de diferentes espacios y tiempos. Pero esta capilaridad debe apoyarse en dos bases: lo común y la convivencia, o mejor aún, la construcción de lo común y la construcción de la convivencia.

El filósofo francés Alain escribió, hace cien años, que "la cultura común hace florecer las diferencias" (1990, p. 58). La afirmación merece ser revisada, en este mundo de fragmentación y separación, en este tiempo marcado por el refugio en "identidades cerradas" y "espacios domésticos". La educación debe ser vista, ante todo, como una forma de producir lo común, todo aquello que, valorando las diferencias, nos hace pertenecer a una misma humanidad.

Aprender y estudiar juntos es la mejor manera de promover una vida en común, una sociedad convivencial. Para lograrlo necesitamos una educación pública que nos permita ir más allá del espacio que ya habitamos y llegar más lejos. No hay educación sin el deseo de poder ser otra persona. La educación no es para que nos cerremos en lo que "ya somos", es para que aprendamos a iniciar lo que "todavía no somos".

Llegamos así a nuestra primera tesis: para crear un espacio público común para la educación, se necesitan constructores. Necesitamos docentes que asuman plenamente esta misión. Son ellos quienes, en estrecha proximidad con las familias, las autoridades locales, las entidades públicas y privadas, pueden crear las condiciones para una capilaridad educativa basada en el encuentro y la convivencialidad.

Este espacio público común solo tendrá sentido en el marco de una fuerte participación social, con capacidad de deliberación. No se trata solo de consultar, sino de organizar procesos de toma de decisiones sobre políticas educativas. Nada se logrará sin cambios fundamentales en la vida familiar, social y laboral. De hecho, el contrato firmado a finales del siglo XIX también pretendía liberar tiempo familiar y organizar el trabajo de una manera nueva. La pandemia ha revelado claramente que toda la vida familiar y económica está regulada por el ritmo escolar. Construir un nuevo vínculo entre la escuela y la sociedad implica inevitablemente nuevas conexiones entre los tiempos familiares, sociales y laborales. Pero ¿no es eso lo que esperamos después de la pandemia?

Todo debe hacerse sin arrojar a los niños al bullicio de los tiempos que corren. Por eso quisimos que esta parte del texto se leyera al son de un andante con moto. Movimiento, sí, pero a un ritmo humano, porque el tiempo escolar es lento, necesita un ritmo lento y seguro. La escuela solo vale la pena si es diferente de la sociedad.

Segundo movimiento: *Allegro moderato*

El papel de los docentes en la creación de nuevos entornos escolares

> (*Allegro moderato*. La sonata n.º 2 para violonchelo y piano de Hector Villalobos presenta un tempo ligero y alegre, pasando de *moderato* a *cantábile*, a *scherzando* y, finalmente, a *vivace*. Es una hermosa manera de pensar los ambientes escolares: moderados, cantarines, lúdicos y animados. Sin la construcción de nuevos entornos escolares, los esfuerzos por transformar las prácticas pedagógicas están condenados al fracaso).

En el primer movimiento presentamos el contrato entre escuela y sociedad establecido a finales del siglo XIX. En esa misma época, y como parte de ese contrato, se consolidó una forma o modelo de escuela que, en sus aspectos esenciales, se mantiene hoy en día… o se mantuvo hasta la pandemia.

Todos reconocemos fácilmente este modelo cada vez que entramos en un colegio: un edificio con características propias, formado principalmente por aulas de tamaños similares, en el que un profesor imparte clases a grupos de alumnos de edades parecidas. Este esquemático retrato pretende únicamente ilustrar un ambiente que prevaleció en las escuelas de todo el mundo entre finales del siglo XIX y principios del siglo XXI.

Este entorno refleja una determinada manera de "hacer escuela". Hay actividades que se adaptan a este entorno, otras no. Es adecuado para la enseñanza en clases, para el cumplimiento de un programa de enseñanza específico, para el trabajo individual del profesorado. No es adecuado para estudiar y trabajar con otros, para realizar actividades diferentes, para hacer investigaciones, para el diálogo y la cooperación, para el trabajo colaborativo del profesorado.

Hay muchas tendencias que apoyan la desintegración de las escuelas. Sería un error. Las dinámicas de la "desescolarización", en sus diversas y distintas formas, son seductoras, pero, si se implementaran, ocasionarían mayores desigualdades e injusticias sociales. La escuela, con todos sus defectos y limitaciones, sigue siendo una de las pocas instituciones que pueden proteger a los más pobres y vulnerables.

Para cumplir esta promesa, la escuela necesita cambios profundos. El modelo escolar tradicional ha llegado a su fin. Necesitamos una metamorfosis de la escuela, una transformación de su forma. Lo más importante es crear ambientes escolares propicios para poder estudiar y trabajar juntos. Aprender no es un acto individual, se necesita de otros. La autoeducación es importante, pero no es suficiente. Lo que sabemos depende, en gran medida, de lo que saben los demás. Es en las relaciones y la interdependencia como se construye la educación.

¿Estamos hablando de arquitectura? Ciertamente. Necesitamos diseñar o remodelar los edificios escolares con la misma audacia y creatividad con que fueron diseñados en el siglo XIX. Ahora tienen que ser espacios abiertos, adaptables y flexibles, con condiciones para el estudio individual y grupal, con lugares para la investigación, para el uso de tecnologías digitales, para la relación de trabajo entre estudiantes y entre estudiantes y docentes. Es probable que estos nuevos edificios cuenten con espacios de uso público y espacios de uso exclusivo para profesores y

estudiantes. Hay miles de ejemplos en todo el mundo que vale la pena conocer.

¿Estamos hablando de currículum? Ciertamente. La matriz curricular que predominó en el siglo XX está agotada.

Si observamos la dinámica contemporánea de la ciencia y el arte, encontraremos fácilmente nuevos entrelazamientos disciplinarios. La enseñanza debe organizarse por grandes temas (Opertti, 2021). Las metáforas del laboratorio y del taller pueden ayudarnos a definir nuevos entornos escolares. En el laboratorio trabajamos juntos, estudiamos la realidad y resolvemos problemas. En el taller damos rienda suelta a la expresión y a la imaginación, creamos y anticipamos el futuro.

Hay un gran error en ciertos desarrollos tecnológicos. Nos dicen que pronto será posible hablar diferentes idiomas sin necesidad de aprender idiomas o hacer matemáticas sin necesidad de aprender aritmética. Tal vez se pueda lograr, pero no olvidemos que aprender una materia no consiste únicamente en adquirir una competencia; tiene como objetivo, ante todo, formar al ser humano. Y este proceso no puede ser reemplazado por un chip.

¿Hablamos de pedagogía? Ciertamente. En las últimas décadas, los discursos sobre el aprendizaje han adquirido un carácter dominante. Toda la educación parece reducirse al aprendizaje, y a un aprendizaje medible: los alumnos son aprendices, las escuelas son entornos de aprendizaje, los profesores son facilitadores del aprendizaje... Pero hay que decir que, si los seres humanos aprenden, casi siempre es porque se les enseña. No desvaloricemos, pues, los dos términos de la misma ecuación. Sin profesores, nuestra educación será mucho más pobre y limitada.

Los nuevos ambientes escolares no surgirán espontáneamente. Los docentes juegan un papel esencial en su creación. Gracias a sus propios conocimientos y experiencia profesional, tienen una mayor responsabilidad en la metamorfosis de la escuela. Para ello, deben apelar a sus capacidades de colaboración y de construcción de puentes, dentro y fuera de la profesión, en la escuela y en la sociedad.

A quienes creen en una educación totalmente digital, les decimos que esto no es posible ni deseable, ya que nada sustituye las relaciones humanas. Los medios digitales son esenciales, pero no agotan las posibilidades educativas. Gran parte de nuestras vidas y culturas, nuestra creatividad, nuestras historias, nuestras producciones efímeras y espontáneas, nuestros vínculos y relaciones entre nosotros, nuestros sueños, no están en Internet. Existe un patrimonio humano que es imposible de digitalizar. Afortunadamente, las nuevas generaciones de docentes ya son digitales y conocen muy bien las posibilidades y los límites de las tecnologías. Sin ilusiones ni fantasmas.

A quienes se refieren a los docentes como "prácticos", les decimos que la dimensión práctica es fundamental, pero como praxis, siempre en diálogo con la teoría. En otras palabras: necesitamos tomar conciencia de lo que sabemos y ser capaces de sistematizarlo, escribirlo y compartirlo. Para ello, la colaboración es esencial. Aquí está la clave del nuevo profesionalismo docente.

Con esta conciencia, con esta capacidad colectiva de acción y reflexión, los docentes pueden ser creadores de nuevos ambientes escolares. No se trata de viajar por una *terra incognita*. En todo el mundo, miles de profesores han avanzado en la dirección descrita aquí. Tenemos que conocerlos, estudiarlos, hablar con ellos, para que podamos sentirnos más seguros y confiados ante el futuro.

Como en la música, hay muchas formas de alegría. Como en el cuento de Guimarães Rosa, *As margens da alegria* (2005), la alegría está en lo minúsculo y en el acontecimiento que irrumpe en los márgenes del movimiento acelerado de la gran ciudad, que se anuncia con su narrativa de futuro hecha presente en el ruido de las máquinas y en las construcciones monumentales que violentan el paisaje.

La escuela debe ser un espacio de apertura (aquí encontramos la capilaridad educativa), pero también de repliegue. El tiempo escolar es diferente al tiempo social. La escuela debe "desacelerarse" y "desvincularse" (Jullien, 2020). Los nuevos entornos escolares deben permitir que los niños y jóvenes tengan experiencias que de otro modo nunca habrían tenido. Por ejemplo, el silencio y la escucha, en un momento en el que solo oímos el sonido de nuestras palabras. Por ejemplo, comprender al otro, en una época de tantas "proclamaciones identitarias". Por ejemplo, la capacidad de "desconectarse" y descubrir así que lo digital no agota toda la existencia humana. ¿Tenemos tiempo todavía?

Tercer movimiento: *Molto vivace*

El papel del profesorado en la composición de una pedagogía del encuentro

(*Molto vivace*. El último movimiento debía transmitir la vivacidad del encuentro. Recordemos uno de los pasajes de la 9ª Sinfonía de Beethoven, interpretada por la Orquesta West-Eastern Divan, fundada por Daniel Barenboim y Edward Said para reunir a músicos de países de Oriente Medio. La 9ª fue

> una de las primeras sinfonías en dar un lugar privilegiado a la voz humana y esta orquesta es un ejemplo notable de diálogo y creación compartida. Estos son los dos elementos que sustentan una pedagogía del encuentro).

En el primer movimiento nos hemos referido a la necesidad de un nuevo contrato entre escuela y sociedad. En el segundo hemos defendido la creación de nuevos entornos escolares. Ahora, en el tercer movimiento, intentamos explicar el significado de una pedagogía del encuentro.

La educación se basa siempre en dos actitudes: aceptar una herencia y planificar un futuro.

En la conclusión de su último libro, *Éducation ou barbarie*, Bernard Charlot explica que la educación es humanización, lo que significa "socialización y entrada en una cultura" y, a la vez, "singularización y subjetivación" (...) "Por el simple hecho de nacer en la especie humana, todo ser humano tiene derecho a la humanización, es decir, a la entrada en un grupo social y en una cultura y a convertirse en un sujeto singular" (2020, p. 319). El error de muchas corrientes pedagógicas es devaluar uno de estos gestos.

Hace medio siglo, Olivier Reboul nos decía que la educación consiste en dos gestos: integrar a cada individuo, de manera duradera, en una comunidad lo más amplia posible; y darnos la posibilidad de ir más allá, a través del conocimiento científico, artístico y literario. La educación del ser humano está determinada por dos dimensiones: ser libre y no estar solo (Reboul, 1980, p. 113). Es en esta tensión donde se define una pedagogía del encuentro, en su sentido más amplio. Para presentarla y mostrar cómo los docentes son centrales en su composición, dejamos a continuación seis notas inconclusas.

◉ Primera. *La pedagogía es siempre una relación humana.* Necesitamos de otros para educarnos. Los docentes tienen un papel fundamental en crear las mejores condiciones para que esta relación se dé. Lo digital puede ser útil para mantener los contactos, pero nunca sustituirá el encuentro. Porque soñar es un elemento central de la educación, y las máquinas podrán pensar, e incluso sentir, pero nunca podrán soñar. Pero, también, porque la educación implica un vínculo que transforma, al mismo tiempo, a alumnos y profesores. Y, a través de Internet o "a distancia", esta posibilidad se reduce.

◉ Segunda. *No hay enseñanza sin conocimiento, sin un encuentro intenso, a veces duro y difícil, con el conocimiento.* Pero la relación pedagógica también se hace "con preguntas y manos en el aire, desacuerdos, cejas fruncidas, susurros, suspiros, miradas de sorpresa, risas, aburrimiento que el alumnado puede expresar de forma más o menos expresiva" (Calafat, 2020, p. 46). Para un docente no hay nada más importante que saber afrontar la imprevisibilidad de cada momento, transformando cada incidente o circunstancia en una oportunidad de aprendizaje.

◉ Tercera. *La pedagogía no puede ser la repetición monótona de lo que ya sabemos,* sino que debe ser, como la investigación, un gesto de búsqueda, de descubrimiento, de curiosidad. Como bien explica Gilles Deleuze (2003), la enseñanza se organiza en función de lo que buscamos y no de lo que sabemos. Toda enseñanza es experimental. Puede haber dos libros idénticos, pero no dos maneras idénticas de leerlos. Puede haber dos programas de enseñanza idénticos, pero no dos formas idénticas de dar las clases.

Esta idea nos advierte contra las tendencias del "consumismo" que domina la "industria global de educación".

◉ Cuarta. *El encuentro no se produce con un "conocimiento acabado", listo, concluido.* La ciencia revisa el conocimiento a una velocidad que los programas escolares no pueden seguir. La didáctica, que aún no se ha liberado de la idea de "transposición", tiene dificultades para reinventarse. Por tanto, deberíamos ser capaces de enseñar todas las materias como si fueran historia (Postman, 1981) o, dicho de otra manera, dar historicidad a las diferentes materias, desde las Matemáticas a las Ciencias, desde la Filosofía a las Artes. Comprender los orígenes y la evolución de los diferentes tipos de conocimiento es fundamental para que los estudiantes contextualicen y se apropien de las materias que les enseñamos.

◉ Quinta. *Las neurociencias han hecho contribuciones muy importantes para comprender cómo funciona el cerebro y los procesos de aprendizaje.* A veces, por desgracia, fomentan una visión reduccionista e incluso algunos conceptos erróneos. Pero, en sus mejores páginas, explican que "la conciencia es una gran pieza sinfónica", que las emociones tienen valor cognitivo y que no es posible separar el sentimiento del conocimiento: "El universo de los afectos constituye el fundamento de esta inteligencia superior" (Damásio, 2020, p. 253).

◉ Sexta. *La pedagogía es un proceso conjunto de construcción de aprendizajes, pero también es una forma de pertenencia mutua.* El principio de reciprocidad es central para pensar y practicar una pedagogía del encuentro. Como escribe Boris Cyrulnik (2021), enfermamos cuando nos privan de la presencia de otros. La empatía, en cuanto capacidad de ponernos en el lugar del otro y sentir con él, es un elemento fundamental de la educación.

Estas seis notas inacabadas suponen muchos retos para los docentes. ¿Puede haber "encuentro" en el espacio virtual? Por supuesto que sí, siempre y cuando se valore la dimensión común, la construcción conjunta de aprendizajes. Lo digital no es simplemente otra "tecnología"; establece una nueva relación con el conocimiento y, por tanto, una nueva relación pedagógica, redefiniendo el lugar y el trabajo de los docentes.

El principio de conectividad, y la urgencia de la conectividad, establecen nuevas formas de acción docente y una nueva relación con el conocimiento profesional docente (Nóvoa, 2017). Integrar la tecnología digital al trabajo docente es más que simplemente incorporar una "tecnología", se trata de reconocer las mutaciones que las nuevas formas de ser, actuar y pensar —creadas en la era digital— provocan en las escuelas, y ser capaces de integrarlas como referentes fundamentales en el reposicionamiento de los docentes.

En este sentido, la cuestión de la autoría pedagógica del docente es decisiva a la hora de pensar los cambios en la educación y en la escuela. Es muy común decir que hoy en día cualquiera de nosotros lleva en el bolsillo, en el móvil, más información, datos e imágenes que las que la ciencia ha acumulado durante siglos. ¿Cómo trabajar con esta infinidad de "conocimientos"? ¿Cómo entender su constitución? ¿Cómo separar lo verdadero de lo falso, lo real de lo ficticio, los hechos de las opiniones?

En una palabra, ¿cómo podemos aprender a pensar, sabiendo que nunca podremos hacerlo solos? Para eso necesitamos docentes, para crear una pedagogía del encuentro.

CODA

La situación provocada por la pandemia nos obligó a dar respuestas inmediatas, urgentes, sin la preparación y reflexión necesarias. El acceso indiscriminado a los medios digitales era la solución posible para mantener cierta "continuidad educativa", para no cortar todos los vínculos con los estudiantes y para proteger la salud pública. Pero esto no puede ser el futuro.

Los intentos dominantes de imponer nuevas lógicas educativas se basan en tres ejes. Por un lado, un repliegue en los espacios domésticos, con una fuerte apelación a tendencias individualistas en el consumo educativo. Por otro lado, una reducción de la educación al aprendizaje, es decir, a todo lo que se puede medir y comparar, lo que Gert Biesta (2015) llama la "industria global de las mediciones en educación". Por último, el eje que vincula las tendencias privatizadoras con los grandes gigantes digitales, que ahora se presentan como los "salvadores" de la educación pública.

Diane Ravitch (2020) es una de las autoras que, de manera más sistemática, ha denunciado estas "nuevas" lógicas educativas, desarrolladas por "multimillonarios imprudentes" que han buscado "reinventar" y "rediseñar" la educación a través de la privatización, el emprendimiento y lo digital. Venden el "sueño" de una educación cada vez más individualizada, utilizando soluciones tecnológicas sofisticadas. Las escuelas y los profesores serían prescindibles o, al menos, desempeñarían un papel secundario en la educación del futuro.

Nuestra opinión está en contra de esta visión. En este sentido, puede leerse como un manifiesto en defensa de la valorización y transformación de la educación pública y del triple papel del profesorado en la construcción de un espacio público común para la educación, en la creación de nuevos entornos escolares y en la composición de una pedagogía del encuentro.

Al mirar atrás a la historia de la educación, desde finales del siglo XIX hasta nuestros días, podemos "recordar" los desafíos que tenemos por delante. Si se produce una ruptura en el proyecto histórico de la escuela, no solo perderemos una generación, perderemos uno de los patrimonios más importantes de la humanidad. *Lo que nos moviliza no es anunciar la muerte de esta escuela, es anunciar el surgimiento de otra escuela.*

Gran parte del futuro de la educación se decidirá en los próximos tiempos. No podemos permanecer indiferentes y permitir que, con nuestra ausencia o alienación, se impongan visiones comerciales y consumistas de la educación, como si fueran "naturales" e "inevitables". No es solo el futuro de la escuela lo que está en juego, sino el futuro de nuestra humanidad común.

Nunca como ahora ha sido tan urgente la necesidad de una educación que contribuya a la democratización de las sociedades, a la reducción de las desigualdades en el acceso al conocimiento y a la cultura, a la construcción de formas participativas de deliberación: porque decidir no es solo elegir, es también producir la obligación de actuar y respetar la decisión tomada colectivamente en nombre de un interés común (Urfalino, 2021).

Sabemos, al menos desde John Dewey, que una democracia es más que una forma de gobierno, "es principalmente una forma de vida asociada, de experiencia conjunta y mutuamente comunicada" (1952, p. 126). La escuela debe ser un espacio de libertad, donde se aprende "a crear lo común" (Meirieu, 2020). En este sentido, sin caer en ilusiones ingenuas, debemos responder "sí" a la pregunta planteada por nuestros colegas François Dubet y Marie Duru-Bellat (2020): ¿Pueden las escuelas salvar la democracia?

El último libro de Bruno Latour, ¿*Où suis-je?*, que lleva un curioso subtítulo, *Lecciones del confinamiento para uso de los terrestres*, se basa en una reinterpretación de la Metamorfosis de Kafka: "Pasamos de una mutación desesperada a una metamorfosis más prometedora. Es cierto que nos asfixiamos tras las máscaras, pero finalmente, quizá, asumiremos otra forma" (Latour, 2021, p. rn1). Todos somos "cuerpos engendrados y mortales que debemos nuestras condiciones de habitabilidad a otros cuerpos engendrados y mortales de todos los tamaños y orígenes" (p. 127).

Es una hermosa manera de pensar en lo común en educación. Todos dependemos unos de otros. Todos deberíamos inspirarnos unos a otros. Las ideas que traemos aquí ya son parte de un conjunto de experiencias y realidades que ocurren en el mundo. No necesitamos inventar nada. Solo necesitamos, y eso ya es mucho, saber qué se está haciendo, mostrar el trabajo de los docentes en los más diversos lugares, debatir, compartir, involucrarnos colectivamente en la producción de futuros.

Con la pandemia, el futuro ha cambiado mucho. Afortunadamente. En este presente incierto, necesitamos afirmar que siempre existe la posibilidad de otros futuros. No todo termina en la inmediatez del presente: solo el ser humano sabe que hay un futuro. Esto es lo que nos distingue de todos los demás seres vivos (Innerarity, 2011). *¿De vuelta a la normalidad? No. Este es el momento de reinventar el futuro, es decir, de construir colectivamente otra educación.*

¿Y después de la pandemia? ¿Recuperar o transformar?

Pasé cuarenta años explicando cosas a mis estudiantes. Y así me quedó el vicio de explicar, incluso lo inexplicable. Necesitaré ahora otros cuarenta años para desaprender la explicación de lo que expliqué.

VERGÍLIO FERREIRA

Este capítulo fue escrito en plena pandemia y trata de reflexionar sobre las respuestas educativas postpandemia, al hilo del lema del Día Mundial de los Docentes de 2021: *"Las y los docentes en el corazón de la recuperación de la educación".*

El argumento principal es que se impone una dinámica de transformación, pues no basta "recuperarse" con el regreso a una normalidad escolar que antes no servía, y ahora sirve menos. Comenta algunas lecciones aprendidas durante la pandemia, especialmente en lo que se refiere al profesorado, a la capacidad de iniciativa de las escuelas y a la construcción de nuevos ambientes educativos.

Se defiende la idea de una escuela capaz de ir más allá del modelo escolar, es decir, una escuela en proceso de transformación que: considera valioso establecer un nuevo contrato social; que está dispuesta a repensar la estructura organizativa escolar; y que elabora nuevas propuestas pedagógicas.

Defendemos la necesidad ineludible de transformar un modelo de escuela que, construido en el siglo XIX, perduró durante todo el siglo XX y llegó, con signos de fragilidad, al siglo XXI. La pandemia ha hecho inevitable una transformación que se sentía desde hacía tiempo como necesaria. No basta con volver a una "normalidad" mediocre. Es necesario transformarse. Y nada se hará sin la participación de los docentes, con iniciativa y libertad. En las últimas décadas se ha escrito mucho sobre el fin del modelo escolar y la necesidad de repensar las bases institucionales de la escuela (Nóvoa, 2006). A grandes rasgos, es importante destacar tres dimensiones de este modelo, establecido en el siglo XIX y que hoy en día es necesario repensar:

1. La consolidación de un contrato social que otorga a los sistemas educativos especializados el derecho y el deber de promover la escolarización de niños y jóvenes.

2. La consolidación en una forma organizativa centrada en un espacio escolar en aulas y en un horario dividido en periodos de hora en hora.

3. La consagración de la lección como base de una pedagogía en la que un profesor o profesora enseña a una clase relativamente homogénea de estudiantes.

A pesar de ser simplista y casi caricaturesca, esta descripción permite identificar los tres pilares de la transformación de la escuela (Nóvoa, 2020). El siglo XX fue fértil en debates e innovaciones pedagógicas, pero el modelo de escuela sobrevivió casi indemne. Al menos, hasta la pandemia. Ahora nos enfrentamos a su inevitable transformación.

Y, DE REPENTE, LA PANDEMIA

A principios de 2020, el mundo fue sorprendido por la pandemia. De repente, lo que se consideraba imposible se convirtió en realidad: espacios de aprendizaje diferentes, especialmente en casa; diferentes horarios de estudio y trabajo; diferentes métodos pedagógicos, especialmente a través de la enseñanza a distancia; diferentes procedimientos de evaluación, etc. La necesidad triunfó sobre la inercia, aunque con soluciones frágiles y precarias.

A lo largo del trienio 2020-2022, fuimos testigos de la mayor transformación en la historia de la educación y de las escuelas. Un proceso caótico, desorganizado, confuso, que no sabemos cómo terminará, pero que necesariamente traerá cambios profundos en la escuela y sus modelos organizativos.

La pandemia reforzó tendencias que venían surgiendo en las últimas décadas, apuntando a la "muerte de la escuela" y a su reemplazo por espacios familiares y comunitarios con fuerte acceso a tecnologías digitales. Se trata de tendencias que, en general, acentúan una perspectiva consumista sobre la educación, vista sobre todo como un bien privado. Vale la pena mencionar brevemente dos de estas tendencias.

Por un lado, un conjunto dispar de referencias a la transición digital, a la inteligencia artificial o a las "máquinas de enseñar", que reclaman nuevas formas de aprendizaje cada vez más "personalizadas". Un autor como Laurent Alexandre considera que el futuro pasa por una "individualización cada vez mayor de la enseñanza, mediante el uso creciente de tecnologías digitales potenciadas por la inteligencia artificial" (2019, p. 203). Esta tendencia estaba preparada para responder a la situación de emergencia creada por la pandemia, a través de la movilización de plataformas y materiales didácticos disponibles en línea. En cierto sentido, era la oportunidad que estaban esperando. Sin embargo, sería trágico, para la dimensión pública de la educación, para la autonomía de las escuelas y para la profesionalidad docente, que las respuestas dadas ante la urgencia de la crisis fueran el pretexto para instaurar una normalidad educativa de este tipo.

Por otro lado, un grupo de autores y científicos que, en las últimas décadas, han impulsado las llamadas "ciencias del aprendizaje". Los estudios sobre el cerebro y el aprendizaje constituyen un poderoso universo simbólico, que refuerza la idea de que es posible encontrar una respuesta personalizada para cada niño y que esta respuesta puede darse en un espacio doméstico o familiar. Esta tendencia también estuvo preparada para responder a la situación de emergencia creada por la pandemia, con muchas familias refugiándose en espacios protegidos y confinados y buscando respuestas individualizadas para sus hijos. Sin embargo, sería trágico si estas prácticas se perpetuaran en el tiempo, porque la educación requiere una fuerte relación humana y no se hace en contextos de aislamiento y "distanciamiento social".

Las propuestas de estos grupos, apoyadas por una "industria educativa global" cada vez más poderosa, fueron retomadas "naturalmente" durante la pandemia, ya que no parecía haber otra alternativa. Pero, paradójicamente, la pandemia también ha llamado la atención sobre la importancia de las interdependencias, las relaciones, los vínculos y las emociones como elementos esenciales del proceso educativo.

La exigencia de una "personalización" del aprendizaje en espacios "domésticos", a través de medios digitales, lleva a la desintegración de las escuelas, especialmente las públicas, en las que los niños son educados en un espacio común. Las tecnologías son parte de nuestra vida, de la vida cotidiana de nuestros hijos, pero la educación siempre se da en el contexto de las relaciones humanas. *La educación no es solo un acto individual, es una dinámica de aprendizaje con otros.*

Nadie se educa solo. Admitir que la educación se realizará exclusivamente a distancia sería perder la dimensión humana de la relación y del encuentro. No puedes saber sin sentir. No se puede aprender sin emoción, sin empatía. *No podemos educarnos sin los demás.* La transformación del modelo escolar no puede servir para disminuir, sino para reforzar la educación como bien público y común.

LECCIONES APRENDIDAS DURANTE LA PANDEMIA

Retomemos las tres dimensiones del modelo de escuela destacadas al principio, para evaluar de forma general las respuestas educativas durante la pandemia.

En general, la *respuesta a nivel de los sistemas educativos* fue débil e inconsistente. Las administraciones públicas a menudo han dependido de plataformas y contenidos proporcionados por empresas privadas y ni siquiera han podido garantizar el acceso digital a todos los estudiantes.

La *respuesta de las escuelas* fue, en general, bastante mejor. A través de sus equipos directivos promovieron soluciones adecuadas, sobre todo cuando lograron establecer una buena conexión con las familias y el apoyo de las autoridades locales. Se entendió bien la importancia de los vínculos de confianza entre escuelas, familias y estudiantes.

Las *mejores respuestas vinieron de los docentes* que, a través de dinámicas colaborativas, lograron impulsar propuestas robustas, con sentido pedagógico y preocupaciones inclusivas. Más que nunca ha quedado claro que los docentes son esenciales para el presente y el futuro de la educación.

Numerosas publicaciones, principalmente de organizaciones internacionales como la UNESCO, la OCDE o la ONU, han descrito las respuestas de los países a la pandemia (véase el sitio web de la UNESCO, https://www.unesco.org/en/covid-19/education-response). Quizás las tres lecciones más importantes que podemos aprender son la importancia de los docentes, la capacidad de las escuelas para tomar la iniciativa y la creación de nuevos entornos educativos.

◗ *Los profesores.* La pandemia ha dejado claro que el potencial de respuesta reside más en los docentes que en las políticas o las instituciones. Un profesorado bien preparado, con libertad, trabajando juntos, dentro y fuera del ámbito escolar, en conexión con las familias, son siempre la mejor garantía de soluciones oportunas y adecuadas. Tras varias décadas de cierta degradación de su prestigio, los docentes parecen ahora más valorados y considerados por la sociedad. Es un momento importante para la afirmación de nuevas dinámicas de la profesionalidad docente.

◗ *Capacidad de iniciativa.* Las escuelas deben funcionar con más autonomía y capacidad de iniciativa. Las estructuras uniformes y rígidas tienen los días contados. Se necesitan soluciones diferentes, proyectos educativos, escolares y pedagógicos diferentes. Lo más importante no vendrá "de arriba", a través de políticas centralizadas y estandarizadas, sino "de abajo", de un conjunto de experiencias y proyectos que ya se están llevando a cabo en todo el mundo. En ellos reside la principal esperanza de renovación y transformación de la escuela.

⊙ *Entornos educativos.* Lo más importante es la construcción de nuevos entornos educativos, diversos y coherentes, que permitan conseguir lo que desde hace tiempo venimos diciendo que es necesario hacer: implicación y participación del alumnado, valoración del estudio y la investigación, aprendizaje cooperativo, currículo integrado y multitemático, diferenciación pedagógica, trabajo conjunto, etc. La escuela debe ser también un lugar de convivencialidad, en el sentido que Ivan Illich (1974) daba a este término, un lugar para aprender a vivir juntos, a coexistir con los otros, a cultivar el arte del diálogo y del encuentro.

Hace diez años, en un notable artículo publicado en el periódico *Le Monde*, el filósofo francés Edgar Morin escribió que cuando un sistema es incapaz de resolver sus problemas vitales, se degrada, se desintegra o, por el contrario, es capaz de un gesto de metamorfosis. Y añadía, refiriéndose al sistema Tierra: "Lo probable es la desintegración. Lo improbable, pero posible, es la metamorfosis" (Morin, 2010).

Lo que es cierto para el sistema Tierra es igualmente cierto para el sistema educativo. Tal vez el resultado más probable sea la desintegración, a través de un consumismo cada vez mayor en la educación. Gran parte de la respuesta dada a la crisis pandémica refuerza esta tendencia. Pero la metamorfosis todavía es posible, como lo demuestran muchas iniciativas de docentes y escuelas que han sabido reinventar la pedagogía y los entornos educativos, reforzando la dimensión pública y común de la educación.

LA ESCUELA MÁS ALLÁ DEL MODELO ESCOLAR

Es difícil escribir la historia del futuro, pero debemos intentarlo. La superación del "modelo de escuela" no puede acabar con la escuela, sino liberar su capacidad de innovación, siempre a partir de sus dimensiones públicas.

Se habla a menudo del poder transformador de la educación. Es cierto, pero para ejercerlo, la educación debe transformarse ella misma. Es posible identificar este proceso a través de las tres dimensiones del modelo de escuela presentado: el contrato social celebrado en el siglo XIX, la estructura espaciotemporal de la escuela y la pedagogía de la lección. No se trata de imaginar nuevas reformas, sino de mirar, comprender y compartir las experiencias e innovaciones que se están produciendo en todo el mundo y que son inspiradoras para el futuro.

⊘ Es *necesario rehacer el contrato social de la educación*, tomando como referencia no solo sistemas educativos especializados y fuertemente cerrados en sí mismos, sino un espacio público más amplio para la educación. El nuevo contrato social debe reconocer la importancia de la capilaridad educativa, es decir, los procesos educativos que existen en muchos lugares de la sociedad, y no solo en las escuelas. La metáfora de las ciudades educadoras ilustra bien esta intención. Muchas respuestas a la pandemia, en todo el mundo, han revelado las posibilidades de esta capilaridad, en la conexión con las familias, pero también en una comprensión de la educación que va mucho más allá de lo estrictamente escolar. Este espacio público no puede ser meramente consultivo y debe basarse en los derechos de ciudadanía, debe ser un espacio de participación en el que, colectivamente, se puedan tomar decisiones sobre la educación.

❱ *Es necesario transformar la estructura organizativa de la escuela.* En el siglo XIX, hubo un gran proyecto histórico de normalización de las escuelas: espacios, tiempos, currículo, evaluación de los aprendizajes, papel de los docentes, grupos de estudiantes... Todo estaba sometido a una lógica de normalización, muy presente en el nombre que se daba a las instituciones de formación del profesorado: escuelas normales. Hoy en día, es necesario un contramovimiento: diversificación de los espacios y tiempos, de los currículos y formas de evaluación, del papel del profesorado, de la colocación del alumnado... Lo fundamental es la creación de nuevos entornos educativos que permitan el estudio individual y el trabajo en grupo, el seguimiento por parte del profesorado, la realización de proyectos de investigación, el trabajo presencial y también el acceso a lo digital. Lo más importante en la escuela es el trabajo conjunto de alumnos y profesores.

❱ *Es necesario construir pedagogías que valoren la diversidad de métodos y modalidades de estudio y de trabajo.* La lección tiene una función importante, como momento de síntesis, pero no puede ser la única actividad. La rutina escolar no puede girar en torno a las "clases", sino en torno al "estudio" y al "trabajo". Nos enfrentamos a un cambio en la profesión docente, que enfatiza la responsabilidad del profesorado en todo el proceso educativo (supervisión, tutoría, apoyo, etc., y no solo en las "clases"), reforzando su papel en la producción de conocimiento pedagógico y curricular y profundizando en los métodos de trabajo colaborativo.

No podemos olvidar que las mejores respuestas a la pandemia fueron fruto de la colaboración entre grupos de docentes, que lograron poner en práctica ideas y proyectos innovadores, manteniendo el vínculo con el alumnado y movilizándolo desde la perspectiva del aprendizaje.

¿ES POSIBLE AÚN ESA METAMORFOSIS?

Nada de esto es nuevo. Desde hace mucho tiempo el modelo escolar muestra dificultades para considerar los problemas de nuestro siglo. La pandemia ha expuesto claramente la urgencia y la posibilidad de su transformación. En pocos días se logró hacer lo que parecía imposible: construir nuevos espacios de aprendizaje, pasar del aula al hogar, con todas las consecuencias que ello implicaba para la vida familiar y social; reconvertir la organización del trabajo, pasar de las tareas escolares al estudio en casa a través de trabajos propuestos por los docentes, realizados en un *continuum* diario y no durante el horario escolar tradicional; definir nuevas modalidades de trabajo docente, especialmente a través de dispositivos digitales.

Por supuesto, todo esto fue posible gracias a la necesidad de preservar la salud pública y responder a una crisis de proporciones globales. Pero demostró que el cambio es posible. Para muchos, el cambio es principalmente digital o tecnológico, como si ahora todo se hiciera de forma virtual y remota. Sería un cambio indeseable. Se perdería una dimensión central de la educación: la interacción humana, la convivencia, el aprendizaje de la vida en común. Se acentuarían las tendencias consumistas y se perderían las dimensiones públicas.

Nos arriesgamos a hacer una predicción. Contrariamente a lo que escuchamos todos los días, no habrá un mundo nuevo ni una nueva escuela como resultado de la pandemia. Pero la pandemia ha revelado que el cambio no solo es necesario, sino también posible. Esta conciencia nos permite hoy imaginar la escuela del futuro. Quizás el resultado más probable después de la pandemia sea una aceleración del proceso de desintegración y fragmentación escolar. Pero *la metamorfosis todavía es posible.*

Profesorado. Ampliar las posibilidades del futuro

Una de las grandes lecciones de mi vida es la de haber dejado de creer en la permanencia del presente, en la continuidad del devenir, en la previsibilidad del futuro. Son incesantes, aunque discontinuas, las apariciones repentinas de lo inesperado que viene a avalar o a transformar, de forma feliz o infeliz, nuestra vida individual, nuestra vida de ciudadanos, la vida de nuestra nación, la vida de la humanidad.

EDGAR MORIN

Este capítulo busca reflexionar sobre el papel del profesorado en la ampliación del futuro, o por decirlo de otro modo, en la ampliación de las posibilidades del futuro.

La defensa de una "docencia humana", o sea, de un trabajo docente que suponga "educar humanos por humanos para el bien de la humanidad", se justifica bajo esa perspectiva de reinventar el futuro. Los profesores han de ser protegidos y se ha de reconocer su valor para que ellos y ellas puedan cumplir plenamente su misión humanista.

El texto dialoga con el lema del Día Mundial de los Docentes de 2022: *"La transformación de la educación comienza con las y los docentes".*

Paul Valéry nos advierte de que es inútil y peligroso predecir basándose en datos recogidos el día anterior o la víspera, aunque es prudente estar preparado para todo, o para casi todo: "Nunca el futuro fue tan difícil de imaginar. Incluso cuando intentamos esbozarlo, los rasgos se confunden, las ideas se oponen a las ideas y nos perdemos en el desorden característico del mundo moderno" (1932).

Paul Valéry afirmaba, también, que "todo el futuro de la inteligencia depende de la educación" (1935). Es una consideración muy importante, que apela a la humildad con respecto a lo que se refiere al futuro y a cualquier intento de predecirlo o controlarlo. En estos tiempos de crisis, hay muchas personas que tienen el coraje de vivir, pero a veces tienen miedo de imaginar el futuro, lo que puede llevarnos a una inercia fatal, particularmente en el ámbito educativo.

Ser capaz de imaginar es esencial para ampliar las posibilidades futuras. Es nuestra responsabilidad generacional. No se trata solo de prepararnos para lo que viene o puede venir. Se trata de escoger los caminos más deseables para el futuro y trabajar para hacerlos realidad.

Kery Facer (2016) tiene razón cuando dice que pensar en "escuelas preparadas para el futuro" representa, a menudo, una actitud defensiva. A lo que deberíamos atrevernos es a imaginar "escuelas que construyen el futuro":

> "El propósito de estas escuelas está mucho más cerca del presente, de la capacidad de observar las lagunas, de darse la oportunidad y crear las condiciones para hacer pequeños cambios ahora. Se trata de dar pequeños pasos y crear pequeñas oportunidades para imaginar que las cosas pueden

ser diferentes y comenzar a ponerlas en práctica. También se trata de asumir la responsabilidad de nuestras decisiones y acciones. Se trata de experimentar y reflexionar sobre lo que hacemos. [...] Es una cuestión de ética, de cuidar el futuro y de sentir que podemos construirlo, que somos responsables de actuar".

La idea de invertir en el futuro está muy presente en ese comentario. Es en esto que debemos basar nuestra actitud ante las crisis que atraviesan las sociedades contemporáneas y la posibilidad de avanzar hacia una transformación en la educación.

LA ENSEÑANZA COMO HECHO HUMANO

En una época de grandes cambios, muchas personas alimentan visiones "fantasiosas" de un futuro sin escuelas y sin profesores. Sería un futuro sin futuro, porque la educación implica la existencia de un trabajo común en un espacio público, implica una relación humana marcada por lo inesperado, por las vivencias y las emociones, implica un encuentro entre profesores y alumnos mediado por el conocimiento y la cultura. Perder esta presencia reduciría las posibilidades de educación.

Por eso es tan importante proteger, transformar y valorar la escuela y el profesorado (Nóvoa y Alvim, 2022):

- *Proteger...* porque las escuelas son lugares únicos de aprendizaje y de socialización, de encuentro y de trabajo, de relaciones humanas, y necesitan ser protegidas para que en ellas los seres humanos puedan educarse mutuamente.

- *Transformar...* porque las escuelas necesitan cambios profundos, en sus modelos organizativos y de funcionamiento, en sus ambientes educativos, para que estudiantes y docentes puedan construir juntos procesos de aprendizaje y educación.

- *Valorar...* porque las escuelas son espacios esenciales para la formación de las nuevas generaciones y nada sustituye el trabajo de un buen docente, en su capacidad de aunar conocimientos y sentimientos, saberes y emociones, cultura e historias personales.

Los efectos devastadores de la pandemia podrían continuar durante mucho tiempo en nuestra vida en común, social, colectiva y compartida. Por miedo o precaución, podemos tender a retirarnos, a encerrarnos en entornos familiares, privados, aislados, separados de los demás. Ahora bien, la educación es lo opuesto a la "separación", es la "reunión" de distintas personas en un mismo espacio, es la capacidad de trabajar juntos.

No hay educación fuera de las relaciones con los demás, por eso es tan importante preservar las escuelas como lugares de educación.

Las tecnologías son parte de nuestra vida, de la vida diaria de nuestros hijos, pero la educación ocurre siempre en el contexto de las relaciones humanas. La educación no es solo un acto individual, es una dinámica de aprendizaje con otros. Nadie se educa solo. Es imposible. Las relaciones humanas son tan importantes que no puedo imaginar que la educación se pueda realizar de forma totalmente virtual, a distancia. Los dispositivos digitales que tenemos a nuestro alcance son útiles; nadie debería rechazarlos. Pero decir que la educación se realizará exclusivamente a distancia, supondría perder la dimensión de las relaciones humanas, del encuentro humano imprescindible.

No hay educación sin afecto, no hay educación sin sentimiento, no hay educación sin una relación humana profunda, entre alumnos, entre alumnos y profesores. No se puede conocer sin sentir, no se puede aprender sin emoción, sin empatía. No podemos educarnos sin los demás.

Al escribir el último informe de la UNESCO, *Reimaginar nuestros futuros juntos: un nuevo contrato social para la educación*, consultamos a alrededor de un millón de personas en todo el mundo. ¿Qué conclusiones saco de esa consulta? Cuando preguntamos sobre el futuro de la educación, recibimos respuestas débiles y sin mucho interés ni originalidad. Quienes respondían se limitaban a reproducir lo que ya se conocía o, alternativamente, se lanzaban a delirios futuristas, casi siempre basados en la tecnología digital o la inteligencia artificial, que resultaban muy poco interesantes.

Pero siempre que preguntábamos a la gente, especialmente a los docentes, qué estaban haciendo, en qué experiencias o iniciativas estaban involucrados, teníamos respuestas extraordinarias, con ejemplos de procesos de renovación y transformación de la educación. Se trataba de experiencias que habían nacido, casi siempre, de iniciativas de dos o tres docentes, a partir de cambios en los espacios de la escuela (unión de aulas, organización diferente de los grupos-clase, etc.) o a partir de dinámicas innovadoras de trabajo pedagógico (proyectos, temas transversales, etc.). Nos dimos cuenta, a través de estas respuestas, de que el futuro ya ha sido inventado. Ya solo queda convertirlo en presente.

Una de las grandes filósofas norteamericanas, Maxine Greene (1982), feminista y pensadora de las artes en la educación, afirmó que no es posible encontrar ningún propósito coherente para la educación si algo común no sucede en un espacio público. Es una fórmula extraordinaria para unir lo común con lo público, explicando que la educación depende de la relación con los demás, especialmente con aquellos que son diferentes.

Las recientes tendencias hacia la "domesticación" de la escuela, es decir, el retorno de la educación a los espacios "domésticos", familiares, es un enorme paso atrás en una visión humanista que pretende educar a todos con todos. Apartados de las relaciones con los demás, a los niños pequeños se les impide desarrollar el arte del encuentro y las sociedades se ven privadas de una de las pocas instituciones en las que aún se puede intentar construir una vida juntos.

Aprender y estudiar juntos es la mejor manera de promover una "sociedad convivencial", una humanidad común. ¿Tenemos tiempo todavía?

En los tiempos dramáticos que vivimos, obviamente tenemos muchas dudas y vacilaciones. No sabemos realmente qué pensar, qué hacer o cuál es la mejor manera de actuar. Estas dudas son legítimas y hasta necesarias. Necesitamos hablar de ellas con nuestros colegas y encontrar nuevas vías para continuar la acción.

Hablar entre nosotros, compartir nuestras dudas, es la mejor manera de mantener la libertad, una libertad que pertenece a cada uno de nosotros, irreductiblemente, pero que adquiere mayor alcance cuando nos encontramos con otros. Nunca pensamos solos. *Hoy sabemos, mejor que nunca, que solos poco o nada podemos hacer.*

Solo "juntos" podremos encontrar los caminos hacia el futuro de la educación.

EDUCAR HUMANOS POR HUMANOS
PARA EL BIEN DE LA HUMANIDAD

En una obra titulada *The Transformative humanities: A manifiesto*, Mikhail Epstein explica que la educación es uno de los momentos más misteriosos e íntimos de la vida, una experiencia verdaderamente existencial. En este sentido, escribe que la Universidad es una institución humanista, cuyo fin es "educar humanos por humanos para el bien de la humanidad" (2012, p. 291).

Vale la pena aprovechar esa expresión para llevar a cabo una reflexión general sobre la educación, particularmente en los tiempos pospandémicos en los que vivimos.

⊙ *Educar humanos*. Nadie puede hacer el viaje por nosotros. Permítanme hacer una afirmación obvia, pero para algunos inaceptable: la misión de un profesor de Matemáticas no es enseñar Matemáticas, es educar a un estudiante a través de las Matemáticas. ¿Estaría yo, al decirlo, disminuyendo la importancia de las matemáticas y su enseñanza? En absoluto. Digo precisamente lo contrario, que su necesidad es tan grande que, sin Matemáticas, no es posible la educación del ser humano. Pero la educación es un proceso personal de apropiación de conocimientos, a través del cual nos volvemos más preparados y capaces.

Pensar que todo termina con la clase dada por el profesor, por brillante que esta haya sido, eso sí sería caer en una preocupante "superficialidad". Nuestras palabras como educadores serán inútiles si no son capaces de despertar la propia palabra en el alumno.

◉ *Por humanos.* Porque nadie puede educarse solo, ni siquiera con el admirable mundo de la inteligencia artificial que está llamando a nuestras puertas. Necesitamos otros seres humanos, nuestros profesores y nuestros compañeros. De los docentes esperamos una ampliación de nuestro repertorio, a través de la adquisición de lenguajes que nos permitan leer el mundo e interpretar la avalancha diaria de información y desinformación. Si solo nos quedamos con las imágenes superficiales de la vida cotidiana, nunca saldremos de ese lugar. Necesitamos profesores que nos ayuden a llegar a Camões, Einstein, Picasso. Esperamos que se unan a nosotros y se sumen a nuestro aprendizaje cooperativo. La cooperación es la clave de la educación en los tiempos contemporáneos.

◉ Y *por el bien de la humanidad.* Volvamos a George Steiner (2017) y a la pregunta que se ha repetido a lo largo de su vida: ¿por qué algunos de los actos más bárbaros de la historia de la humanidad fueron cometidos por personas educadas? ¿Cómo es posible disfrutar de un concierto de Debussy mientras a lo lejos se oyen los gritos de los llevados al campo de concentración de Dachau? ¿Por qué la cultura y el conocimiento no nos humanizan? La respuesta está en la incapacidad de pensar en la educación como un bien común.

No me interesa enfatizar la idea de común que surge y se aplica a una "comunidad" específica, ya que vivimos en una época de identidades excesivas y la misión de la escuela es ampliar horizontes y pertenencias. Estoy interesado, por el contrario, en llamar a atención sobre esa idea de "común" que se deriva de "comunicación", pues es ahí donde residen las posibilidades de diálogo y de compartir con los otros. Es el tema de la ciudadanía, de la participación en la res publica, de la importancia de la educación como proyecto público.

PROFESORADO
FUTUROS POR CONSTRUIR

En un momento marcado por profundas transformaciones en la educación, los docentes se enfrentan a diversos dilemas. No son dilemas nuevos, pero se han vuelto más nítidos en los últimos años, en particular durante la crisis pandémica (2020-2022). Históricamente:

1. La identidad profesional de los docentes se formó sobre la base de una "separación" de su papel con relación al de las familias y las comunidades locales; hoy en día, todos los discursos apuntan a la necesidad de que los docentes restablezcan un vínculo fuerte con los espacios sociales y familiares. He aquí, un primer dilema.

2. Las escuelas funcionaban siguiendo un único modelo, la misma gramática, la misma manera de organizar el espacio y el tiempo; hoy se impone una mayor diversidad, respuestas diferentes, nuevos entornos educativos. He aquí un segundo dilema.

3. Los profesores nunca vieron su propio conocimiento debidamente reconocido, incluso cuando su misión era elogiada; hoy tenemos claro que no se conseguirá nada sin valorar el saber docente profesional. He aquí el tercer dilema.

A partir de estos tres dilemas, es posible identificar tres *disposiciones* de los docentes que son decisivas para el futuro.

La primera es la *capacidad de articulación*, ciertamente dentro del ámbito escolar, pero también en un espacio público más amplio. El trabajo docente se extiende naturalmente más allá de la escuela, contribuyendo a la construcción de la "ciudad educadora", de una capilaridad educativa que forma parte del programa de la "sociedad convivencial" tal como lo presentó hace cincuenta años Ivan Illich (1974).

La segunda es la *capacidad de construir nuevos ambientes educativos*, muy diferentes al espacio del aula tradicional. La realidad futura no debe ignorar las posibilidades que existen en el aula, particularmente para el encuentro entre profesores y estudiantes, pero también debe dar cabida a una diversidad de otros entornos que permitan nuevas modalidades pedagógicas, especialmente el trabajo colaborativo y compartido.

La tercera es la *capacidad de desarrollar, consolidar y difundir conocimientos propios de la profesión*, lo que implica un análisis crítico del trabajo docente, realizado a partir de un ejercicio personal, pero también de procesos de reflexión colectiva. El conocimiento profesional tiene una dimensión teórica, pero no solo. Tiene una dimensión práctica, pero no es solo práctica. Tiene una dimensión experiencial, pero no es solo un producto de la experiencia. La formalización de estos conocimientos es muy importante para el reconocimiento profesional y público de los docentes.

Estas tres dimensiones son esenciales para fortalecer a los docentes y permitirles desempeñar plenamente su papel en la configuración del futuro de la educación. Son muchas las crisis globales que afectan a la educación: la transición digital, el cambio climático, los retrocesos democráticos, los cambios en el trabajo, los cambios demográficos, las migraciones y la movilidad, etc. Para pensar y actuar con lucidez ante estas crisis, los docentes necesitan condiciones excepcionales.

No bastan las declaraciones retóricas o los gestos amistosos de reconocimiento al trabajo docente. Es necesario valorar sus condiciones de trabajo y remuneración, reducir las exigencias burocráticas y darles más autonomía pedagógica, crear los medios indispensables para un ejercicio colectivo de la profesión, rediseñar la formación del profesorado y la carrera docente, acoger y ayudar a los jóvenes docentes, apoyar el intercambio de experiencias e iniciativas.

Para invertir en el futuro necesitamos invertir en los docentes. En otras palabras: si queremos que los docentes sean centrales en la "liberación del futuro", necesitamos liberar el futuro de los docentes mismos. *No podemos seguir exigiéndoles casi todo y dándoles casi nada.*

Los profesores y el cambio.

¿Qué papel juega la formación del profesorado?

No hay utopía verdadera fuera de la tensión entre la denuncia de un presente que se va haciendo cada vez más intolerable y el anuncio de un futuro que debe ser creado, construido política, estética y éticamente por nosotros hombres y mujeres. La utopía implica esta denuncia y este anuncio, pero no permite que la tensión entre ambos se agote cuando llega el futuro previamente anunciado convertido en un nuevo presente. La nueva experiencia de sueño se instaura, en la misma medida en que la historia no se inmoviliza, no muere. Al contrario, continúa.

PAULO FREIRE

Este capítulo procura llamar la atención sobre el papel del profesorado en los procesos de transformación de la educación y de la escuela. El primer apartado se centra en las políticas educativas y en la organización de la escuela a través del proceso de metamorfosis de la escuela que está teniendo lugar hoy. El segundo, reivindica la formación de profesores, insistiendo en la necesidad de una nueva institucionalidad que les vincule a las universidades.

El texto, construido en torno al Día Mundial de los Docentes 2023: *"El profesorado que necesitamos para la educación que queremos"*, se cierra con un breve epílogo sobre la importancia de liberar sus posibilidades de iniciativa y experimentación.

A mediados del siglo XIX se consolidó y difundió por todo el mundo un modelo de escuela que, pese a muchas críticas, ha llegado hasta nuestros días. Todo el mundo conoce sus características. Su fuerza es tal que ni siquiera podemos imaginar otras formas de educar. La escuela sustituyó al trabajo, a la calle e incluso al hogar como lugar de socialización y educación. El triunfo de la escuela es total, al menos frente a su principal enemigo, el trabajo infantil, dentro y fuera de las familias (Viñao Frago, 2004).

Pero, en el mismo momento en que celebra su victoria, la escuela se revela incapaz de responder a los desafíos de los tiempos contemporáneos. El modelo escolar se está desmoronando. No se trata de una "crisis" como muchas que han ocurrido en las últimas décadas. Este es el fin de la escuela tal como la conocemos y el comienzo de una nueva institución, que seguramente tendrá el mismo nombre, pero que será muy diferente.

En el espacio de una generación, en los próximos veinte o treinta años, asistiremos a una compleja metamorfosis de la escuela, es decir, a un cambio en su forma. Es un cambio de camino, un nuevo origen (Morin, 2011).

POLÍTICAS EDUCATIVAS Y ORGANIZACIÓN ESCOLAR

El actual modelo de escuela se ha consolidado en todo el mundo desde hace alrededor de 150 años. Para comprender su formación histórica, es necesario recurrir a un doble análisis, político y organizativo.

Políticamente, los Estados asumen la responsabilidad de la educación e imponen la escolarización obligatoria, con el objetivo de crear una identidad cívica y nacional. La educación pública, laica, gratuita, obligatoria y única es un elemento central en el proceso de construcción de los Estados-nación (Bourdieu, 1993; Hutmacher, 1981). Nada se hubiera logrado sin los profesores. Para cumplir su misión, los Estados constituyen un cuerpo docente profesional reclutado, formado, remunerado y controlado por las autoridades públicas. La profesionalización de los docentes es un factor decisivo en la producción del modelo escolar.

Organizativamente, la escuela adquirió la configuración que, en esencia, se mantiene hasta nuestros días: a) edificio propio, que tiene como núcleo estructurante el aula; b) una disposición orgánica del espacio, con los estudiantes sentados en filas, frente a un punto central, ocupado simbólicamente por el encerado; c) una clase relativamente homogénea de estudiantes, por edad y nivel, basada en una evaluación realizada periódicamente por los profesores; y d) una organización de estudios basada en programas de enseñanza que se imparten regularmente en períodos de una hora.

En el centro de la escena están los profesores. Son responsables de la disciplina escolar, en el doble sentido del término: enseñan las materias, los temas del programa, en clases impartidas simultáneamente a todos los alumnos; y garantizan la disciplina, las normas de comportamiento y la conducta de los estudiantes. La creación de las Escuelas Normales, a mediados del siglo XIX, revela claramente el papel que desempeñan los docentes en la producción del modelo escolar. Es en estas instituciones especializadas en la formación docente donde nace y se configura el cuerpo profesional que, al servicio del Estado, promueve la educación popular (en inglés, el concepto es más preciso, *mass schooling*, escuela de masas). Pero es también en estas instituciones donde se "normaliza" el modelo escolar, lográndose, en un corto período histórico, pasar de un cierto desorden en los espacios y procesos educativos a una forma escolar estructurada y estandarizada.

La escuela se basa en un contrato social y político que le otorga la responsabilidad de la educación integral de los niños a través de un modelo organizativo bien establecido (Nóvoa, 2006). A principios del siglo XXI queda claro que es necesario repensar profundamente este contrato.

Ya no se trata de mejoras ni de perfeccionamientos, ni siquiera de innovaciones, sino de una auténtica metamorfosis de la escuela. La transformación de la educación es un proceso que comienza con los docentes.

¿Y AHORA?

La escuela parece perdida, inadaptada a las circunstancias del tiempo actual, como si aún no hubiera conseguido entrar en el siglo XXI. Es cierto que hay muchas promesas del pasado aún por cumplir, empezando por el compromiso con una escuela pública de calidad para todos. Pero la escuela revela, sobre todo, una gran incapacidad para pensar el futuro, un futuro que ya es parte de la vida de nuestros hijos.

Sin caer en una simplificación excesiva, queremos presentar dos tendencias muy distintas en la reflexión sobre la crisis actual en las escuelas y su *futuro presente*.

❷ La *primera tendencia* cuestiona el contrato social en torno a la educación basado en la lógica de "privatización" y busca superar las dificultades del modelo escolar mediante procesos de "individualización".

El término "privatización" tiene un doble significado, social y económico. Desde un punto de vista social, refleja una mayor reclusión de los niños dentro de sus comunidades de origen, sus espacios culturales o familiares (la expansión de las prácticas de "educación en casa", una especie de retorno a una época anterior al modelo escolar, es un buen ejemplo de estas tendencias). Desde el punto de vista económico, se denuncian las incapacidades del Estado para justificar de esta manera la necesidad de abrir el campo educativo a la operación de grupos económicos, directamente o a través de "organizaciones de la sociedad civil".

La "individualización" se manifiesta en discursos que valoran la educación más como un "bien privado" que como un "bien público", así como en críticas a la "escuela única", con la consiguiente ampliación de trayectorias diferenciadas para los alumnos (profesionales y académicas). Las referencias al aprendizaje son omnipresentes, una especie de "exorbitancia del aprendizaje", un discurso excesivo y exagerado sobre el aprendizaje, que relega a un segundo plano otras dimensiones de la educación. Se produce una devaluación del sentido colectivo de la escuela, al mismo tiempo que se enfatiza la importancia de poner las nuevas tecnologías al servicio de la individualización del aprendizaje.

❷ La *segunda tendencia* defiende la necesidad de repensar el contrato social y el modelo de escuela que le da cuerpo, pero reforzando la dimensión pública de la educación y la importancia de la escuela en la construcción de una "vida en común".

Una de las mejores noticias de nuestro tiempo es la aparición, en todo el mundo, de movimientos que buscan restablecer la escuela, pero sin poner en riesgo un compromiso público con la educación. El cambio se hace desde una matriz cultural y científica, afirmando la importancia del conocimiento, sin ceder a la ideología del *back to basics* (la vieja escuela del "leer, escribir y contar"), ni a una escuela folklórica ahogada en una infinidad de proyectos que, muchas veces, solo revelan la dificultad de renovar las prácticas pedagógicas. De nada sirve albergar ilusiones, meterlo todo en la escuela, una "escuela desbordada", sin rumbo ni sentido. Pero vale la pena trabajar en la construcción de un espacio educativo público, la "ciudad educadora", en la que la escuela se vincule con otras instituciones, grupos y asociaciones (Nóvoa, 2005).

A nivel organizativo, es interesante seguir las dinámicas de innovación que se están dando en muchos lugares, abriendo el modelo de escuela a nuevas formas de trabajo y de pedagogía. Es imposible ignorar el impacto de la "revolución digital", así como la necesidad de diferenciar los caminos de los estudiantes, pero esto no implica que la escuela renuncie a ser un lugar de construcción de lo *común*. Hoy en día, la fragmentación que presenciamos en el cibermundo coloca a las escuelas ante la urgente necesidad de valorar nuestra pertenencia a una misma humanidad y a un mismo planeta. Esta comunidad no proviene de la "comunidad de identidad", sino de la "comunidad de trabajo", es decir, lo que hacemos en común entre nosotros independientemente de nuestros orígenes, creencias o ideas.

❷ *¿Y ahora?* Las opciones presentadas son claras. Personalmente, enmarco mis pensamientos y acciones en esta segunda tendencia: la renovación de la escuela en el contexto de un espacio educativo público; y el esfuerzo por reconstruir lo común, sin dejar nunca de valorar la diversidad. En este sentido, me interesa reflexionar sobre la metamorfosis de la escuela, un proceso histórico que, obviamente, comienza con el profesorado, en lo que afecta a su formación y a la acción pública que se desarrolla en las sociedades contemporáneas.

TENDER PUENTES

Las transformaciones señaladas en el primer apartado tienen profundas consecuencias en la manera de pensar la profesión docente, su función, su estatuto y su trabajo.

Los movimientos que se inscriben en la primera tendencia descrita anteriormente (privatización e individualización), a pesar de reconocer la importancia de los docentes, tienden a desdibujar las dimensiones profesionales e incluso las referencias colectivas. A menudo se recurre al concepto vago de "educadores", aglutinando en un mismo análisis a profesores, directivos, tutores, a veces psicólogos, e incluso padres y otras personas que desempeñan una función educativa. De esta manera, se diluye el principio de la profesión docente como profesión, dando lugar a políticas que desvalorizan la formación docente y que se legitiman a través de un discurso pragmático: "si elegimos personas con buenos conocimientos de una determinada materia, fácilmente podremos prepararlas para ser docentes"; "si damos un salario adicional a los profesores cuyos alumnos tienen un buen rendimiento, la educación mejorará"; "si contamos con buenos materiales (libros, programas, etc.) y buenas tecnologías, podremos suplir las deficiencias de los docentes y de su formación"; etcétera.

Los movimientos de este tipo tienen como punto de partida un diagnóstico muy crítico de las dificultades de las escuelas y de las debilidades de las instituciones de formación docente. Muy populares en todo el mundo, actualmente están en un proceso de expansión internacional, lo que lleva a políticas de desprofesionalización y degradación de la profesión docente. Obviamente, siempre muestran una gran desconfianza hacia la escuela pública y el deseo de establecer nuevas formas de regulación privada de la educación.

Por el contrario, quienes, como yo, creemos en el compromiso público con la educación y en la metamorfosis de la escuela, también partimos de un diagnóstico crítico, pero para reforzar y valorar las dimensiones profesionales, ya sea en la formación inicial y continua, o en un ejercicio de enseñanza que solo se completa a través del trabajo colectivo con otros docentes. Es sobre estas bases que se fundamenta mi propuesta de renovación del campo de la formación docente y del trabajo docente.

LOS DOCENTES Y SU FORMACIÓN

Varios pensadores del siglo XX defendieron la separación de las universidades en dos tipos principales. Por un lado, las universidades de la *liberal education*, concepto intraducible, que significa una formación generalista, humanista y científica, cultivando el *otium* (ocio en su sentido filosófico). Por otra parte, las universidades de profesiones, ciertamente tan importantes como las primeras, pero orientadas a la formación de profesionales (medicina, ingeniería, derecho, magisterio, etc.), están diseñadas para preparar para el *negotium* (no-ocio).

Esta división es completamente inadecuada, ya que las profesiones tienen un fuerte componente de conocimiento, también académico, y, hoy en día, todas las invenciones y tecnologías tienen una base científica. Pero ayuda a enfatizar el carácter profesional de la formación del profesorado.

El enunciado parece simple, y sin embargo es esta la novedad que queremos aportar en este capítulo, pues supone una nueva matriz para pensar la formación docente. En lugar de listas interminables de conocimientos o habilidades que los docentes deben adquirir, la atención se centra en cómo construimos una identidad profesional, en cómo cada persona construye su camino dentro de la profesión docente.

Convertirse en profesor —para utilizar el famoso título de Carl Rogers, *Convertirse en persona* (1973)— requiere que reflexionemos sobre las dimensiones personales, pero también sobre las dimensiones colectivas de la enseñanza. No es posible aprender la profesión docente sin la presencia, apoyo y colaboración de otros docentes.

No se trata solo de abordar cuestiones prácticas o de preparación profesional, en sentido técnico o aplicado, sino de comprender la complejidad de la profesión en todas sus dimensiones (teórica, experiencial, cultural, política, ideológica, simbólica, etc.). En este sentido, la comparación más adecuada de la formación docente es con la formación de médicos o ingenieros. Pero decir esto, que parece simple, es cuestionar mucho de lo que se hace en los cursos de formación docente.

Así como la metamorfosis de la escuela implica la creación de un nuevo ambiente educativo (diversidad de espacios, prácticas de cooperación y trabajo común, estrechas relaciones entre estudio, investigación y conocimiento), también el cambio en la formación docente implica la creación de un nuevo ambiente para la formación profesional docente.

Hacer esta afirmación es reconocer inmediatamente que los entornos que existen en las universidades (en el caso de la formación inicial) o en las escuelas (en el caso de la formación continua) no son propicios para la formación de docentes del siglo XXI. Es necesario, pues, reconstruir estos entornos, teniendo siempre presente que el lugar de la formación es el lugar de la profesión. Todas las profesiones tienen un lado conservador y rutinario que les impide crear políticas de formación que conduzcan a la renovación de las prácticas y procesos de trabajo. Es fundamental entonces comprender la importancia de la interacción entre tres espacios —profesionales, universidades y escuelas—, pues es en su interacción donde se encuentra el potencial transformador de la formación docente.

En muchos discursos sobre la formación docente existe una oposición entre universidades y escuelas. A las universidades se les atribuye una capacidad de conocimiento cultural y científico, intelectual, de proximidad a la investigación y al pensamiento crítico. Pero olvidamos que, a veces, es solo conocimiento vacío, sin capacidad de cuestionamiento y creación. A las escuelas se les atribuye una conexión con la práctica, con los aspectos concretos de la profesión, con todo aquello que "verdaderamente" nos haría profesores. Pero olvidamos que esta práctica es muchas veces rutinaria, mediocre, carente de capacidad de innovación y, mucho menos, de formación de nuevos profesionales.

Para escapar de esta oposición inútil e improductiva, es necesario encontrar un tercer término, la *profesión*, y darnos cuenta de que en él reside el potencial formativo, siempre que haya una relación fructífera entre profesión, universidad y escuela. Es en este entrelazamiento donde cobra fuerza la *formación profesional*, en el sentido más amplio del término, la formación para una profesión.

El vínculo entre la formación y la profesión es central para construir programas de formación coherentes, pero también es central para el prestigio y la renovación de la profesión docente. Históricamente, esta conexión fue decisiva para profesiones como la medicina o la ingeniería. Desafortunadamente, con excepción de las Escuelas Normales, que tuvieron su tiempo, pero ya no nos sirven, en el caso de los profesores, las instituciones de formación no han sabido comprometerse con la profesión, y viceversa (Nóvoa, 2017).

Con esta idea como argumento central, desplegaré el análisis en los tres momentos en que se organiza el desarrollo profesional docente: *formación inicial, inducción profesional y formación continua*. En cada uno de ellos intentaré explicar el vínculo entre formación y profesión, teniendo siempre como telón de fondo la necesidad de repensar la profesión docente a la luz de los desafíos actuales, en vista del fin del modelo escolar y el inicio de un nuevo tiempo para la enseñanza y la educación.

Formación inicial

A lo largo de la historia, las universidades han mostrado una gran indiferencia hacia la formación docente. A diferencia de otras profesiones (teología, derecho, medicina) que están en el origen de las universidades, la formación del profesorado siempre ha sido una preocupación ausente o secundaria.

En lo que se refiere a la formación de profesores de primaria y de secundaria, hasta hace poco había una indiferencia casi total, dejándose esta tarea en manos de las Escuelas Normales, de nivel medio, en lugar de posicionarla en la Educación Superior. En cuanto a la formación del profesorado de secundaria, el interés de los universitarios muchas veces fue por mero oportunismo, para asegurar sus puestos y financiación, y así poder dedicarse a lo que realmente les interesa, sus áreas disciplinares. Muchos académicos del ámbito de la Educación también han relegado a un segundo plano la formación del profesorado, movidos por sus legítimos intereses científicos, pero aprovechándose de los docentes, a veces de forma paternalista, para justificar su poder en los cursos de posgrado y en la investigación.

El diagnóstico es excesivamente duro, e incluso injusto, pero no podemos andarnos con rodeos en un momento decisivo para el futuro de los docentes y de las escuelas. Es necesario reconocer la dedicación y compromiso de muchos profesores universitarios, de diferentes áreas del conocimiento, que se han dedicado a la formación docente. Es en ellos, en su trabajo, en sus iniciativas, en las redes que han construido, que está la respuesta a nuestros problemas. Necesitamos reunirlos en un mismo espacio institucional, un hogar común de formación y desarrollo, dentro de las universidades, pero siempre con vinculación orgánica con los docentes y las escuelas de la red pública.

Es en esta casa común donde se puede definir un campo estimulante, que escape a la fragmentación actual de la formación docente. En esta casa común, necesitamos el conocimiento del contenido científico de las disciplinas (Matemáticas, Biología, Historia...), porque quien les resta valor comete un error fatal. Si no dominamos estos contenidos, de poco nos servirán las técnicas de enseñanza más sofisticadas.

También necesitamos conocimientos científicos en educación, desde los fundamentos hasta la didáctica, la psicología y el currículo, y también tocamos otros temas. Pero estos dos tipos de conocimientos son insuficientes para formar a un docente si no construyen una relación con el *conocimiento profesional docente*, con el conocimiento y la cultura profesional del profesorado.

Por eso es tan importante que las universidades tengan una casa común de formación y docencia, es decir, un lugar de encuentro entre el profesorado universitario que se dedica a la formación docente y el profesorado en ejercicio. Esta casa común es un lugar universitario, pero tiene una conexión con la profesión, que le da características peculiares, asumiéndose como un "tercer lugar", un lugar de articulación entre la universidad y la sociedad, en este caso, entre la universidad, la escuela y los docentes. En esta casa común se realiza la formación docente al mismo tiempo que se produce y valora la profesión docente.

Inducción profesional

La relación que se establece, durante la formación inicial, entre estudiantes universitarios y docentes de educación básica es muy importante para diseñar políticas de inducción profesional, es decir, para insertar a los jóvenes docentes en la profesión y en las escuelas. La formación nunca acaba, es un proceso que continúa durante toda la vida.

Permítanme rendir homenaje a uno de los pedagogos más notables del siglo XX, Michael Huberman. Sabemos, al menos desde la publicación de su obra de 1989, *La vida de los profesores*, que los primeros años como docentes son decisivos para configurar y definir nuestra relación con la profesión. Es en la transición de la universidad a la escuela, y en el modo en que los docentes más experimentados acogen a los más jóvenes, donde está en juego gran parte del futuro profesional de cada persona y del futuro colectivo de la profesión docente.

¿Qué hemos hecho con el conocimiento producido por Michael Huberman y tantos otros autores? Nada, o casi nada. A diferencia de los médicos y otros profesionales, los docentes jóvenes se quedan solos en las escuelas, con poco o ningún apoyo, luchando solos por su "supervivencia". Es necesario cambiar esta situación y crear políticas públicas de inducción profesional.

Los programas de residencia docente (periodo de prácticas), partiendo de una analogía con la residencia médica, son de suma importancia, siempre y cuando sean concebidos como un espacio de transición entre la formación y la profesión. No deben utilizarse para reducir la formación inicial, y mucho menos para promover políticas "racionalizadoras" de gestión que podrían acentuar la precariedad y la fragilización de las relaciones de trabajo. Como se trata de cuidar el ingreso a la profesión, estos programas deben enfatizar la profesionalidad docente en su pluralidad de dimensiones, y no solo el marco pedagógico.

Lo fundamental es la posibilidad de definir, en las escuelas, reglas de corresponsabilidad para la integración de los nuevos docentes. Esta misión es considerada la más noble por la mayoría de las profesiones, pues de ella depende el futuro de los jóvenes profesionales, pero también el futuro de la propia profesión y de su capacidad de renovación. Y, sin embargo, hemos hecho poco, tanto en las universidades como en las políticas públicas y en las escuelas.

Esta recepción y apoyo implica cambios más profundos de lo que parece a primera vista en la organización de las escuelas y de la profesión docente. Implica que seamos capaces de valorar a los mejores profesores y darles esta misión, que es la más prestigiosa que pueden realizar. Esto implica que abandonemos una visión individualista de la profesión y que seamos capaces de establecer procesos colectivos de trabajo.

Esta posibilidad es hoy aún más urgente que en el pasado. *Nadie se integra a una profesión solo, de forma aislada*. Nadie construye nuevas prácticas pedagógicas sin apoyarse en la reflexión con sus colegas. Nadie por sí solo domina por completo la profesión, como tantas veces nos ha advertido Sergio Niza (2012). Necesitamos de otros para convertirnos en maestros.

Formación continua

El ciclo de desarrollo profesional se completa con la formación continua. Dada la magnitud de los problemas y desafíos actuales en la educación, necesitamos, más que nunca, reforzar las dimensiones colectivas de la enseñanza. La imagen de un profesor de pie ante el pizarrón, dando una lección a un grupo de estudiantes sentados, quizás la imagen más impactante del actual modelo de escuela, está siendo sustituida por la imagen de varios profesores trabajando en espacios abiertos con estudiantes y grupos de estudiantes.

Esta nueva construcción pedagógica requiere de docentes comprometidos con el trabajo en equipo y la reflexión conjunta. Aquí es donde entra la formación continua, uno de los espacios más importantes para promover esta realidad compartida.

Son muchos los discursos que hacen referencia a la imposibilidad de tener prácticas consistentes e innovadoras de formación continua en las escuelas: "los profesores tienen muchas dificultades", "las escuelas no están en buenas condiciones", "es necesario traer nuevas teorías y nuevos modelos que no existen en las escuelas", etc. Estos discursos son comprensibles, sobre todo por parte de aquellos que no están satisfechos con la situación actual en las escuelas y quieren abrir nuevos caminos. Existe el temor de que la implantación de la educación continua en las escuelas contribuya a encerrar a los docentes en prácticas rutinarias y mediocres, impidiéndoles el acceso a nuevas ideas, métodos y culturas.

Pero estos discursos perjudican la profesión, pues inevitablemente conducen al menosprecio o la descalificación de los docentes. De una forma u otra, abren el camino a un mercado de cursos, eventos, seminarios y reuniones en los que diversos especialistas montan su propio espectáculo para vender a los profesores noticias inútiles sobre el cerebro y el aprendizaje, las nuevas tecnologías o cualquier otra moda pasajera.

Está claro que en ciertos países muchos docentes en servicio necesitan una formación complementaria, ya sea en las áreas disciplinarias en las que imparten docencia, o en dominios pedagógicos. Pero esta formación no debe confundirse con la formación continua que se ha de realizar en la escuela con la participación de las "comunidades profesionales docentes".

Avanzar en esta propuesta no representa ninguna devaluación del conocimiento teórico o científico, sino más bien la voluntad de resignificarlo en el espacio de la profesión. Es en la complejidad de una formación que amplía las experiencias y culturas profesionales que podemos encontrar una salida a los dilemas docentes.

En medio de muchas dudas y vacilaciones, hay una certeza que nos guía: la *metamorfosis de la escuela sucede cuando los docentes se reúnen como colectivo para pensar su trabajo,* para construir prácticas pedagógicas diferentes, para responder a los desafíos que plantea el fin del modelo de escuela. La formación continua no debe prescindir de cualquier aportación que venga de fuera, especialmente del apoyo de los estudiantes universitarios y de los grupos de investigación, pero ha de ser la escuela el lugar en el que se define, se enriquece la formación. Y será así como la formación continua pueda cumplir con su función de enriquecimiento profesional del profesorado.

EPÍLOGO

La pandemia del trienio 2020-2022 hizo que el cambio fuera más urgente. No se trata de empezar desde cero, sino de reinventar la escuela, *inventar la escuela de nuevo*, profundizar en su historia, en sus posibilidades y en su naturaleza de espacio público y común. ¿Transformación o metamorfosis?

Para hablar de educación, prefiero el concepto más amplio de "transformación". "Trans" significa, etimológicamente, "más allá", y abre nuevas posibilidades y formas de educar, muchas de las cuales aún están por descubrir y desvelar. Para hablar de la escuela, utilizo el concepto más orgánico de "metamorfosis". Implica cambiar una forma determinada, asumiendo nuevas formas, especialmente en la organización de las escuelas. Me inspiro en importantes análisis de Edgar Morin (2010) y Bruno Latour (2021) sobre la metamorfosis, adaptándolos al universo educativo.

¿Cómo se produce la transformación de la educación y la metamorfosis de la escuela? Respondo con un discurso reciente del presidente de la República Francesa, Emmanuel Macron, del 25 de agosto de 2022, en la apertura del año escolar:

> "En lo que se refiere a la escuela, tenemos mucho trabajo por delante, cuyo objetivo es construir un nuevo proyecto, escuela por escuela. [...] A nuestros docentes, que trabajan con dedicación y pasión, hay que devolverles el poder, la responsabilidad y el sentido. [...] Es un nuevo método construido desde abajo hacia arriba. [...] Dar a las escuelas más autonomía, dar a los docentes más libertad, dar a los equipos nuevos márgenes de acción e iniciativa y, al hacerlo, restaurar el amor por la profesión y el sentido de su misión.

Es una auténtica revolución copernicana la que os propongo y pienso atentamente mis palabras. [...]Vamos a abrir un proceso que, en primer lugar, se basa en el voluntariado. [...] Primera pequeña revolución que debemos asumir colectivamente, la de la libertad. Solo participa quien quiera participar. [...] Lo más importante en este método es dar libertad y valorar la capacidad de iniciativa de los docentes y de las escuelas".

Este largo discurso del presidente francés se basa enteramente en la idea de una "revolución copernicana", de una "revolución cultural", dejando de pensar en el cambio de la educación a través de una nueva ley, una nueva reforma o una nueva tecnología, para valorar, en primer lugar, la iniciativa de los docentes, su capacidad de organizarse colectivamente y de realizar experiencias y proyectos.

"Ahí es donde residen nuestras esperanzas en la transformación de la educación y de las escuelas", afirma el presidente Macron. Para ello, añade, es necesario establecer un "pacto de confianza" con y para los docentes. De lo contrario, estaremos repitiendo palabras vacías, incoherentes e intrascendentes. Es posible que este discurso no sea más que retórica vacía, tan centralizado y burocrático es el sistema francés. Pero me interesa llamar la atención sobre una conciencia que hoy parece llegar también a las más altas esferas políticas.

Sí, es necesario liberar la energía individual y colectiva de los docentes. Es necesario crear condiciones favorables para el "coraje de los comienzos" (Jankélévitch, 1960). ¿Asumir riesgos? Por supuesto, pero ¿de qué serviría un pensamiento inofensivo y vacío, sin los riesgos de la acción, sin la virtud del compromiso? El coraje es lo opuesto al miedo, es su antídoto. En lugar de gastar nuestro tiempo buscando justificaciones para la inacción, centrémonos nosotros en el "coraje de la acción".

La renovación de la formación docente es uno de los pilares de este proceso. Nadie se convierte profesor sin la colaboración de colegas más experimentados. Comienza en las universidades y continúa en las escuelas. Nadie puede ser docente hoy en día sin reforzar las dimensiones colectivas de la profesión. Pensar lo correcto es actuar.

La transformación de la educación realmente comienza con los docentes. La metamorfosis de la escuela, también.

Los docentes y la renovación del contrato social de la educación

La educación como práctica de la libertad es una forma de enseñar que cualquier persona puede aprender. Ese proceso de aprendizaje es más fácil para aquellos de nosotros que enseñamos y creemos en la existencia de una dimensión sagrada de nuestra vocación; que creemos que nuestro trabajo es participar en el desarrollo intelectual y espiritual de nuestros alumnos.

BELL HOOKS

Este capítulo presenta algunas perspectivas personales sobre el informe de UNESCO *Reimaginar juntos nuestros futuros,* en cuya Comisión Internacional participé siendo presidente del comité de investigación y redacción.

Está organizado en tres apartados: el primero presenta los principales fundamentos del contrato social de la modernidad educativa (s. XIX); el segundo analiza cómo debería renovarse hoy este contrato; el tercero defiende la necesidad de valorar lo común en la educación, a partir de cinco ideas principales: cooperación (en la pedagogía), convergencia (en el currículo), colaboración (en la enseñanza), convivencia (en las escuelas) y capilaridad (en la sociedad).

El lema del Día Mundial de los Docentes 2024 fue *"Valorar la voz docente: hacia un nuevo contrato social para la educación".*

Como miembro de la Comisión Internacional sobre los Futuros de la Educación, quisiera ofrecer mi perspectiva personal sobre los objetivos y ambiciones del informe *Reimaginar juntos nuestros futuros: Un nuevo contrato social para la educación* (UNESCO, 2021), principalmente en relación con el profesorado. No pretendo presentar un resumen del documento, sino posicionarme ante los dilemas y desafíos que plantea.

El eje central del capítulo es la renovación del contrato social para la educación, un contrato establecido en el siglo XIX en torno a la escolarización obligatoria y un modelo escolar que se ha mantenido vigente hasta ahora, pero que necesita ser repensado a la luz de los desafíos educativos actuales. No se trata de empezar de cero, como suele ocurrir en los discursos que proclaman el fin de la escuela y su obsolescencia, sino de empezar de nuevo, preservando sus mejores características y transformándolas con valentía.

Es necesario resistir la erosión de la escuela y afirmar su valor como bien público y común. En este sentido, debemos ser cautelosos ante algunas fantasías futuristas que buscan crear una nueva realidad educativa sin escuelas. Pero también es necesario resistirse a ciertos movimientos, que han cobrado fuerza en los últimos años, que presentan una visión idealizada de la escuela, ignorando sus dificultades y fracasos, especialmente a la hora de garantizar oportunidades para todos.

Así, en la primera sección, explico de forma bastante general los principales factores que han definido el contrato social de la modernidad en el ámbito educativo (el concepto de modernidad no se plantea desde la perspectiva del período histórico posterior a la Edad Media, sino en el sentido de la "segunda modernidad", es decir, las transformaciones sociales que tuvieron lugar tras finales del siglo XVIII).

En la segunda sección, retomo estos factores para defender la necesidad de su renovación en la actualidad. Finalmente, en la última sección, intento dar contenido a esta renovación, basándome en una interpretación de los cinco capítulos de la parte central del informe de la UNESCO sobre los futuros de la educación. El capítulo concluye con un breve epílogo que defiende la renovación del contrato social para la educación, con especial atención al papel de los docentes.

EL CONTRATO SOCIAL DE LA MODERNIDAD

A finales del siglo XIX, un largo proceso histórico de construcción nacional y modernidad científica dio lugar a un contrato social para la educación que permitió la producción y difusión global del "modelo escolar" (o forma escolar, o gramática escolar, o régimen escolar). Por "contrato" nos referimos a un acuerdo social entre los ciudadanos y el Estado que define derechos y obligaciones en el ámbito educativo y que permite no solo el desarrollo de sistemas educativos nacionales, sino también la consolidación de un orden y una estructura escolar específicos.

Al adoptar el concepto de "contrato social", nos referimos obviamente a Jean-Jacques Rousseau, sin olvidar que su obra *El contrato social* se publicó en 1762, el mismo año que *Émile o la educación*. Para Rousseau, el contrato social es a la vez pacto y contrato; es un acto político instituyente mediante el cual se forma una comunidad que establece para sí misma leyes, normas y prácticas (Bernardi, 2001). En este sentido, más allá de la elaboración realizada por los teóricos del contrato social, nos interesa vincular la idea del contrato social con el proceso de institucionalización definido por Michel Foucault: la creación de "regímenes de verdad" específicos, es decir, conjuntos de creencias, discursos y prácticas que se aceptan como verdaderos y legítimos en un momento histórico determinado (Foucault, 1994). Es sobre la base de estos "regímenes" que se construye un cierto consenso y se establece una determinada forma de educar a los niños.

Argumentaré que, en el siglo XIX, este contrato social se organiza en torno a tres elementos principales.

❯ El *primero es la intervención del Estado, principalmente mediante la imposición de la escolarización obligatoria.* La educación desempeña un papel central en la formación de la ciudadanía nacional, como explica Pierre Bourdieu: "La creación de la sociedad nacional va de la mano con la afirmación de la educabilidad universal: dado que todos los individuos son iguales ante la ley, el Estado debe convertirlos en ciudadanos, dotados de los medios culturales para ejercer activamente sus derechos civiles" (1993, p. 54).

❯ El *segundo eje es la definición de un espacio-tiempo específico para la educación.* El edificio escolar, relativamente aislado del entorno social, está diseñado en torno a la celda del "aula". En su famosa obra sobre arquitectura escolar, Henry Barnard aboga por unos nuevos edificios escolares como un servicio al cuerpo y al alma de los niños, señalando que "en cuanto a alojamiento, los convictos de las prisiones estatales están mejor atendidos que los queridos niños de Nueva Inglaterra" (1850, p. 37).

❷ *El tercer eje implica la generalización de un "modelo escolar" con el aula como epicentro,* definiendo claramente los roles de docentes y alumnos, la pedagogía de la clase, el currículo y una cierta "mecánica de la organización escolar" que, según John Dewey, rige todo el sistema: "No importa cuál sea el precepto o la teoría aceptados (…) la realidad de la educación reside en el contacto personal y presencial entre el docente y el niño. Las condiciones que subyacen y regulan este contacto dominan la situación educativa" (1902, p. 23).

Este contrato ha desempeñado un papel histórico decisivo, en particular en la lucha contra el trabajo infantil y la identificación y preservación de otros derechos humanos, y sigue siendo un marco válido para invocar las responsabilidades de los Estados y la ciudadanía en la plena participación en la educación. Lamentablemente, dista mucho de ser plenamente respetado, especialmente en lo que respecta a la "educación de calidad para todos", como muestran los indicadores de educación de la *Agenda 2030*.

La escuela es una invención notable porque crea un espacio-tiempo común, distinto del resto de la sociedad y de la familia. Existen oportunidades y ritmos educativos que solo pueden darse en la escuela. La labor del docente es irremplazable, también en la transmisión de conocimientos, a través de una relación intergeneracional única. Por tanto, es esencial proteger a las escuelas y al profesorado de las tendencias futuristas que proclaman su obsolescencia y proponen su desplazamiento a entornos privados, como el hogar, y a dispositivos individualizados, especialmente los digitales.

El vaciamiento de la esfera pública y el debilitamiento de las instituciones públicas se solapan con el auge de la "industria educativa global" (Verger, Lubienski y Steiner-Khamsi, 2016). Estos factores crean un vacío que los actores de la industria llenan, erosionando el carácter público y compartido de la educación.

La primera condición para pensar en el futuro de la educación es criticar estas tendencias, impulsadas por un discurso exagerado sobre el aprendizaje —lo que Gert Biesta denomina "learnification" (2021)— y la trivialización del principio del "aprendizaje ubicuo". Philippe Meirieu tiene razón al afirmar que es necesario "resistir" a la erosión de la escuela como espacio público y democrático, y para ello es necesario tener la valentía de cambiar: "No superaremos las dificultades que estamos experimentando con simples ajustes cosméticos. Como cada época de nuestra historia, se requieren constructores" (2007, p. 121).

Es esencial resistir las tendencias que ponen en peligro el valor esencial de la escuela y, sobre todo, la dimensión pública de la educación. Al mismo tiempo, sin embargo, urge reconocer los límites del actual contrato social para la educación y trabajar por su renovación (Nóvoa y Alvim, 2021). En cierto sentido, no se trata tanto de construir un nuevo contrato social para la educación, sino de renovar el actual.

Las soluciones que buscamos para el futuro de la educación se basan en un doble enfoque: conservación y transformación.

RENOVANDO EL CONTRATO SOCIAL PARA LA EDUCACIÓN

La educación va más allá del mero conocimiento académico; implica la experiencia compartida de trabajar juntos en un espacio público, fomentando relaciones humanas marcadas por experiencias inesperadas, indagaciones y emociones. Es un encuentro profundo entre docentes y estudiantes, mediado por el conocimiento y la cultura. Preservar esta presencia e interacción es esencial, ya que constituye la base de la educación y su potencial de crecimiento.

La educación es la antítesis de la "separación"; se trata de reunir a diferentes personas en un mismo espacio, fomentando la colaboración y la capacidad de trabajar colectivamente. La educación se basa intrínsecamente en las relaciones con los demás, lo que subraya la importancia de proteger las escuelas como instituciones centrales para el futuro. La renovación del contrato social para la educación debe basarse en estos principios.

Permítanme repasar los tres ejes principales del contrato social moderno: la intervención del Estado al imponer la escolarización obligatoria en el contexto de la formación de la ciudadanía nacional, la definición de un espacio-tiempo específico para la educación y la generalización de un "modelo escolar".

⊙ *En primer lugar, la importancia de una mayor participación ciudadana*, junto con el papel del Estado. La creación de un espacio público más amplio para la educación, más allá de los límites escolares tradicionales, se vuelve esencial.

Reconocer la educación como un bien público y común permite una mayor presencia y una responsabilidad compartida. En la realidad actual de mayor esperanza de vida en muchas partes del mundo, coexisten varias generaciones y el enfoque de la educación se extiende más allá de los niños a personas de todas las edades. La dimensión intergeneracional de la educación, que involucra no solo a dos generaciones (hijos y padres) como en el pasado, sino a varias generaciones (hijos, padres, abuelos, bisabuelos, etc.), es crucial para renovar el contrato social para la educación.

Además, la educación no solo debe abarcar la ciudadanía nacional, sino también basarse en los principios de los derechos humanos. Este enfoque incluye el cumplimiento de los derechos enunciados en la Declaración de 1948 y el reconocimiento de nuevos derechos relacionados con la justicia climática, el acceso digital universal, el respeto a la diversidad de culturas y formas de conocimiento, la movilidad y las migraciones, la dignidad del trabajo y los desafíos de la "revolución demográfica".

◗ *En segundo lugar, necesitamos inventar y construir nuevos entornos educativos* que, sin negar la importancia del aula, abran diferentes perspectivas y oportunidades dentro y fuera de la escuela. El edificio escolar no es un mero "contenedor", ya que define posibilidades e imposibilidades pedagógicas.

No se trata de una cuestión meramente arquitectónica, sino de la elaboración de nuevos marcos con una fuerte conexión con el espacio público exterior. La definición de nuevos entornos dentro del espacio escolar y su conexión con la ciudad o la sociedad en general es un elemento central en la renovación del contrato social para la educación. La forma en que Paulo Freire (1998) presenta la idea de la ciudad educativa merece atención:

> "La ciudad se vuelve educativa por la necesidad de educar, aprender, enseñar, conocer, crear, soñar e imaginar que todos nosotros —hombres y mujeres que ocupamos sus campos, montañas, ríos, calles, plazas, casas, edificios—, dejamos en todo la huella de un tiempo y un estilo determinados, el sabor de una época. La ciudad es cultura que se crea no sólo por lo que hacemos en ella y con ella, sino también por la estética que le añadimos. La ciudad somos nosotros y nosotros somos la ciudad" (p. 27).

◉ *El tercer elemento de la renovación del contrato social para la educación se relaciona directamente con cuestiones pedagógicas.* El modelo escolar se ha definido principalmente en función de las clases del profesor, asignando a los alumnos el rol de oyentes, no necesariamente pasivos, sino fuertemente dependientes de las lecciones del profesor.

La importancia de esta dimensión es innegable, pero la vida escolar actual debe organizarse principalmente en torno al trabajo escolar. Hace aproximadamente un siglo, el filósofo francés Alain escribió una oportuna provocación: "Suelo pensar en el aula como un lugar donde el profesor trabaja poco y el niño trabaja mucho. No como esas lecciones que caen como la lluvia y que el niño escucha con los brazos cruzados. Más niños leyendo, escribiendo, calculando, dibujando, recitando, copiando y recopiando" (1990, p. 86). Sí, lo que cuenta hoy es el trabajo del alumnado: leer, escribir, investigar, estudiar solo, estudiar con otros, estar acompañado por el profesorado, realizar proyectos, resolver problemas, desarrollar temas... En el ámbito pedagógico, este es el significado de la renovación del contrato social para la educación.

VALORAR LO COMÚN EN LA EDUCACIÓN

Sobre la base de la educación como bien público y común, la renovación del contrato social tiene consecuencias concretas en los diferentes niveles de la vida escolar. Así, en la parte central del informe ya mencionado, se encuentran cinco capítulos dedicados respectivamente a la pedagogía, el currículo, el profesorado, la escuela y la sociedad.

Una lectura personal de estos capítulos revela que desarrollan el concepto de lo *común* en cinco principios pedagógicos: cooperación, convergencia, colaboración, convivencia y capilaridad.

Pedagogía de la cooperación

El modelo escolar convencional se basa principalmente en clases dirigidas por el profesorado. Esto enfatiza el valor de la relación intergeneracional entre profesorado y alumnado. Nadie lo explicó mejor que George Steiner en una de sus obras más importantes, *Lecciones de los Maestros* (2005). Sin embargo, al mismo tiempo, se pasa por alto que la educación también se desarrolla entre estudiantes de la misma generación.

Si bien es cierto que a lo largo del siglo XX diversas tendencias enfatizaron la importancia de la "pedagogía cooperativa", estas nunca lograron arraigarse en la vida cotidiana de las escuelas. Existe evidencia de que la educación infantil temprana ha estado fuertemente influenciada por los principios cooperativos, pero esto tiende a disiparse en los niveles más avanzados de educación. Hoy en día, la centralidad del "trabajo" resignifica la cooperación como eje estructurante de la pedagogía y la vida escolar.

Currículo de convergencia

El currículo debe concebirse no solo como un "curso de conocimiento", sino también como un "recorrido de los estudiantes", que permita caminos y opciones que son imposibles en un modelo escolar uniforme. Esta diferenciación debe abrir posibilidades, no conducir a los estudiantes a callejones sin salida. Una educación que se limita a reproducir las desigualdades de nacimiento es un fraude. Los contenidos de las disciplinas son importantes, pero lo que realmente cuenta son las diferentes formas de alfabetización —alfabética, matemática, científica y artística, entre ellas—, es decir, el dominio de los instrumentos del conocimiento y la cultura. No podemos ignorar los recientes avances científicos, en concreto la "revolución de la convergencia" (MIT, 2011), ni dejar de valorar los "bienes comunes del conocimiento" en el currículo.

Colaboración docente

El profesorado formado en las nuevas Escuelas Normales ha sido uno de los elementos estructurantes del contrato social de la modernidad educativa desde mediados del siglo XIX. Su trabajo se definía individualmente, dentro del aula. Dada la estructura del modelo escolar, muchas peticiones de colaboración eran percibidas por el profesorado como una "colegialidad impuesta" (Hargreaves, 1994). Hoy en día, la creación de nuevos entornos educativos, más abiertos y plurales, en los que grupos de estudiantes trabajan con varios docentes simultáneamente, hace indispensable la colaboración docente. La profesión docente tiende hacia una identidad más colectiva, con importantes implicaciones para la formación docente y su vida cotidiana.

Convivencia escolar

La escuela no es solo un servicio, sino sobre todo una institución que nos construye como sociedad, nos abre al mundo y a los demás, amplía la libertad de los estudiantes y permite a cada persona construir un futuro que nunca habría alcanzado quedándose en casa.

La reciente tendencia a aislar la educación en el "hogar" u otros espacios privados mediante el aprendizaje a distancia mediado por la tecnología supone un importante retroceso para una visión humanista que busca educar a todos con todos. La escuela es una de las pocas instituciones donde aún es posible intentar construir una vida en común. Es un espacio de ciudadanía y convivencia. Aprender y estudiar juntos es la mejor manera de promover una "sociedad convivencial", una humanidad común.

Capilaridad educativa

El contrato social de la modernidad impuso un "modelo escolar" que lo integró casi todo. La renovación del contrato social debe reconocer la importancia de la capilaridad educativa, es decir, los procesos educativos que existen en muchos ámbitos de la sociedad, no solo en la escuela. Nos enfrentamos a una realidad radicalmente nueva que transformará las escuelas y la forma en que las habitan estudiantes y docentes. Este espacio público no puede ser simplemente un lugar para escuchar, sino que debe fundamentarse en los derechos de ciudadanía, un espacio de participación donde las decisiones sobre educación se puedan tomar colectivamente.

Estos cinco principios se basan en la idea de lo *común*. La escuela es una institución con el potencial de defender y promover los derechos humanos, y de luchar contra el autoritarismo y la fragmentación de las sociedades.

La importancia de los vínculos, los lazos y las interconexiones ha adquirido hoy una dimensión inesperada y forma parte de una nueva conciencia planetaria. Los lazos que nos unen también nos liberan. Es este esfuerzo por instituir lo común lo que mejor caracteriza un contrato social renovado para la educación.

EL PAPEL INDISPENSABLE DE LOS DOCENTES

El contrato social de la modernidad es extraordinario: con la imposición de la educación obligatoria, la escuela pública y la construcción de un modelo escolar que ha perdurado hasta nuestros días. Sin embargo, este contrato no ha cumplido muchas de sus promesas, como la de llegar a todos los niños e incluirlos en la cultura escolar. Por lo tanto, debe renovarse y reinventarse, con una educación abierta a todas las generaciones, con el fortalecimiento de la escuela como espacio de democracia y convivencia, y con una pedagogía organizada en torno al trabajo del alumnado.

En los próximos años se decidirá una gran parte del futuro de la educación. No podemos permanecer indiferentes y, por lo tanto, contribuir al abandono de una visión pública y común provocado por el triunfo de perspectivas individualistas y consumistas. No solo está en juego el futuro de la escuela, sino también el futuro de nuestra humanidad común.

Nunca antes ha sido tan urgente que la educación contribuya a la democratización de las sociedades, a la reducción de las desigualdades en el acceso al conocimiento y la cultura, y a la construcción de formas participativas de deliberación: decidir no es solo elegir, sino también generar la obligación de actuar y respetar la decisión tomada colectivamente en nombre del interés común. *La escuela debe ser un espacio de libertad donde se aprende a valorar lo común.*

El último libro del filósofo francés Bruno Latour se basa en una relectura de la *Metamorfosis* de Kafka: todos somos cuerpos engendrados y mortales que debemos nuestras condiciones de habitabilidad a otros cuerpos engendrados y mortales de todos los tamaños y formas (2021, p. 127). Es una hermosa manera de pensar en lo común en la educación. Todos dependemos unos de otros. Al enseñar esto a lo largo de las generaciones, estamos realizando el gesto más hermoso para el futuro de la humanidad.

Cualquiera que crea en el poder transformador de la educación sabe que, para estar a la altura de ese "poder", la educación debe transformarse. Estamos presenciando el final de un ciclo histórico, el final de un "modelo escolar" particular, pero no el final de la escuela, ya que se reinventa y reimagina cada día, en muchos lugares, adquiriendo nuevas cualidades.

La aportación más importante del informe de la UNESCO es que constituye una "invitación", no un informe en el sentido tradicional. Constituye una invitación a reflexionar y actuar juntos. Colaboración. Co-labor-ación: acción mediante el trabajo en común. Decir esto, que parece poco, es decir mucho.

La transformación de la educación no provendrá de una nueva reforma, ni de un nuevo método, ni de una nueva tecnología, sino de la capacidad de pensar y actuar juntos. No existen soluciones prefabricadas. Hay dudas e interrogantes. El futuro no es lo que está a punto de suceder, sino lo que ya existe en miles y miles de experiencias en todo el mundo. Por eso, el informe de la UNESCO finaliza con una invitación al diálogo y al intercambio entre educadores de todo el mundo.

Los humanos somos seres que aprenden, pero también somos seres a los que se les puede enseñar. Solo los humanos son capaces de organizar sistemas e instituciones para la educación de sus semejantes. La educación es una interacción, un encuentro marcado por el acontecimiento pedagógico (la relación) y la transmisión de una herencia (el conocimiento).

No hay dos profesores iguales. Algunos son geómetras, otros son acróbatas. Algunos se distinguen por sus palabras, otros por su escucha. Algunos están más cerca, otros más lejos. Pero todos debemos creer en el poder de la escuela y en la posibilidad de educar a todos los niños. Sin esto nadie puede llamarse profesor.

La libertad de un profesor no tiene límites. Cada uno debe poder encontrar su propio camino, su propia identidad como profesor. Hay que rechazar tendencias, rechazar estandarizaciones, rechazar imposiciones y asumir la plena responsabilidad de educar. Sin ingenuidad, pero también sin renuncias. Sin ilusiones, pero no sin esperanza. La escuela no es un medio para confirmar nuestra condición, sino "para querer lo que no tenemos". Sueño, como George Steiner, con "una escuela en la que el niño tenga derecho a cometer ese gran error que es la esperanza" (2019, p. 135).

Históricamente, la identidad docente se ha desarrollado de forma individualizada. La docencia siempre ha sido una profesión con fuertes sindicatos y asociaciones, pero la enseñanza cotidiana se desarrolla dentro del aula, con cada profesor solo con sus alumnos. Para enseñar una clase de Historia, o cualquier otra materia, la colaboración parece innecesaria. Sin embargo, para trabajar en temáticas o proyectos, involucrando a docentes de distintas áreas en nuevos entornos educativos, la colaboración se vuelve imprescindible.

Estamos viviendo una crisis global de la profesión docente, que tiene raíces materiales (bajos salarios, fragilidad profesional, malas condiciones laborales, etc.), pero va mucho más allá de ellas. Estamos asistiendo a una erosión del profesionalismo docente, con repercusiones en la imagen y la autoridad de los docentes. Los nombres con los que se conoce a los docentes —facilitadores, colaboradores, animadores, guías, mentores…— ilustran un problema de identidad profesional. Reflejan una disminución de la *auctoritas* a nivel individual, pero sobre todo a nivel colectivo de la profesión.

Obviamente "*auctoritas*" no es "autoridad" en su sentido literal. Se trata de utilizar la raíz etimológica de la palabra, *augere*, que significa aumentar, ensanchar, expandir, consolidar. *Auctoritas* se basa en el conocimiento propio y específico del profesorado y en una responsabilidad ética y social. Se traduce en un reconocimiento individual, especialmente en la relación profesor-alumno, pero sobre todo en un reconocimiento colectivo más amplio de la propia profesión y de su papel en la sociedad. La *auctoritas* no existe en un espacio privado, se define en una esfera pública, en una dimensión pública. En este sentido, es muy importante valorar los conocimientos inherentes a la profesión y afirmar la responsabilidad común de los docentes. La educación existe en un espacio público. La profesión docente también.

Los docentes deben afrontar los cambios con confianza en el futuro. La relación humana entre un profesor y un alumno es el centro de toda enseñanza. En el pasado y en el futuro. Nada puede reemplazarlo. Fortalecer al profesorado, también en su dimensión colaborativa, es un gesto necesario. Para lograrlo es necesario crear espacios de formación colaborativa, procesos de trabajo docente conjunto y momentos de intercambio y acción común.

Hablar de colaboración no significa disminuir las dimensiones personales. Los profesores son diferentes entre sí, en su forma de ser, en su inventiva, en su forma de impartir sus clases y en su forma de relacionarse con los alumnos. Pero deben comprender que tienen un destino común, entre ellos, y también con sus estudiantes. En la novela inacabada *El primer hombre*, Albert Camus retrata a su propio maestro. Estos son pasajes de profunda humanidad, cuando hablan de los estudiantes:

"No, la escuela no les ofrecía solo un escape de la vida familiar. Al menos en las clases del Sr. Bernard, la escuela alimentaba en ellos un anhelo aún más fuerte en los niños que en los hombres: el ansia de descubrimiento. […] En las clases del Sr. Germain, por primera vez, sentían que tenían vida propia y que se les tenía en alta estima: se les consideraba dignos de descubrir el mundo. E incluso el maestro no se limitaba a enseñarles lo que le pagaban por enseñar; los acogía con sencillez en su vida personal, compartiéndola con ellos, contándoles sobre su infancia y las historias de los chicos que había conocido" (2023, pp. 60-61).

Albert Camus asistió a la escuela del Sr. Germain, ubicada en un barrio pobre de Argel, entre los 5 y los 10 años. Recuerdo una frase de George Steiner que se aplica bien a esta historia: "El discípulo le debe todo al Maestro, excepto su genio" (2005, p. 73). Las relaciones personalizadas entre profesores y alumnos siguen siendo muy importantes, pero no podemos ignorar la responsabilidad colectiva de los docentes. Las dimensiones colaborativas son cada vez más importantes en el ejercicio de la profesión. Solo podremos ser maestros si tenemos un gran afecto por nuestros alumnos. Enseñar es vivir dos veces.

Necesitamos profesores bien formados, con una formación adecuada, y con un amplio repertorio de conocimientos, disposiciones y experiencias. El repertorio docente no se define únicamente de forma individual y contiene una dimensión colectiva. Los grandes maestros saben cómo relacionarse con sus estudiantes y colegas, saben cómo profundizar su individualidad y trabajar en colaboración con otros profesores.

Los grandes maestros aprenden mientras enseñan. La metamorfosis de la escuela conlleva también una metamorfosis de la profesión docente, reforzando la libertad de los docentes y su capacidad de trabajar juntos.

Los buenos profesores son aquellos que se preparan adecuadamente y preparan bien sus clases. En la escuela nada sucede solo por inmersión. Pero también lo son aquellos que están abiertos a lo impredecible, que son capaces de adaptarse a las situaciones y responder a las preguntas siempre nuevas de sus alumnos.

En sí mismo, un gran maestro ya es una forma de enseñanza, porque, como escribió Rómulo de Carvalho, los profesores "somos, en última instancia, el método, el proceso, la forma y el camino" (1959, p. 64).

Vivimos en una época de encrucijadas. Para muchos, el futuro de la educación pasa principalmente por espacios domésticos, protegidos, familiares o comunitarios, en entornos relativamente homogéneos desde el punto de vista cultural y social, con el uso de dispositivos digitales para promover el aprendizaje individualizado. Para otros, el futuro pasa por valorar el encuentro y la relación entre profesores y alumnos, reuniendo a personas de todos los orígenes en espacios públicos y abiertos para educarse mutuamente y, así, aprender a vivir juntos. Este es mi camino.

La construcción de un nuevo contrato social para la educación o, mejor dicho, la renovación del contrato social para la educación es un proceso complejo, que involucra a la sociedad en su conjunto. Nada se hará de manera centralizada, sino que se basará en el conocimiento y el intercambio público de innumerables experiencias que se están produciendo en todo el mundo. Estas experiencias deben ser conocidas, analizadas y debatidas. Para lograrlo es necesario un mayor esfuerzo de investigación, con producción de conocimiento que apoye los caminos de transformación.

En un momento en el que todo el mundo anuncia cambios, a veces con propuestas delirantes, es necesario respetar el papel y el lugar de los docentes, en lugar de imaginar un "mundo feliz" que prescinda de ellos. Menos aún, cuando este "mundo feliz" transmite visiones mercantilistas y consumistas de la educación. Sería un paso atrás, no hacia adelante.

Este es el momento de crear, es decir, de construir colectivamente otra educación. Debemos inspirarnos unos a otros. No se trata de empezar desde cero, sino de construir con paciencia y valentía una metamorfosis, un cambio en la forma de la escuela y de la educación. Para ello necesitamos la más importante de todas las virtudes: el coraje. Coraje para ver, imaginar, ensayar, pensar, compartir, escribir. Coraje para reinventar lo que ya se ha inventado.

Sin el coraje de los docentes no habrá renovación del contrato social de la educación.

Referencias bibliográficas

Adorno, T. (2003). *Modèles critiques*. Payot.

Adorno, T. (2020). *Educação e emancipação*. Paz & Terra.

Agamben, G. (2006). *Profanations*. Rivages Poche.

Alain (1990). *Propos sur l'éducation*. PUF.

Alexandre, L. (2019). *La guerre des intelligences: comment l'intelligence artificielle va révolutionner l'éducation*. JC Lattes.

Arendt, H. (1971). *A vida do espírito*. Instituto Piaget.

Arendt, H. (2001). *Entre o passado e o futuro*. Perspectiva.

Barnard, H. (1850). *School architecture; or contributions to the improvement of school-houses in the United States*. A.S. Barnes & Company.

Barthes, R. (1981). *Le grain de la voix*. Seuil.

Benjamin, W. (1996). *Magia e técnica, arte e política*. Brasiliense.

Bernardi, B. (2001). Introduction. In J.J. Rousseau, *Du contrat social* (pp. 7-34). Flammarion.

Biesta, G. (2015). Resisting the seduction of the global education measurement industry: notes on the social psychology of PISA, *Ethics and Education*, 10(3), 348-360.

Biesta, G. (2019). What kind of society does the school need? Redefining the democratic work of education in impatient times, *Studies in Philosophy and Education*, 38(6), 657-668.

Biesta, G. (2021). *World-centred education: A view from the present*. Routledge.

Bloch, E. (1982). *Le principe espérance*. Gallimard.

Bourdieu, P. (1993). Esprits d'État. Genèse et structure du champ bureaucratique. *Actes de la Recherche en Sciences Sociales*, 96-97, 49-62.

Calafat, G. (2020). Fiction de la continuité pédagogique. *Par ici, la sortie, 01*, 44-55.

Camus, A. (2023). *"Caro Professor Germain"*. Livros do Brasil.

Carvalho, R. (1959). A Física como objecto de ensino. *Palestra*, n.º 4.

Charlot, B. (1976). *La mystification pédagogique*. Payot.

Charlot, B. (2020). *Éducation ou barbarie*. Economica.

Cyrulnik, B. (2021). *Des âmes et des saisons. Psycho-écologie*. Odile Jacob.

Damásio, A. (2020). *Sentir & Saber: a caminho da consciência*. Temas.

Dardot, P. y Laval, C. (2014). *Commun: Essai sur la révolution au XXIᵉ siècle*. Éditions La Découverte.

David-Menard, M. (2011). *Éloge des hasards dans la vie sexuelle*. Hermann Éditeurs.

Deleuze, G. (1964). *Proust et les signes*. PUF.

Deleuze, G. (2003). *Pourparlers (1972-1990)*. Éditions de Minuit.

Dewey, J. (1902). *The educational situation*. University of Chicago Press.

Dewey, J. (1929). *The sources of a science of education*. Horace Liveright.

Dewey, J. (1952). *Democracia e educação*. Companhia Editora Nacional.

Dubet, F. (2020). À l'école: que faire après le virus? *Esprit, 464*, 107-114.

Dubet, F. y Duru-Bellat, M. (2020). *L'école peut-elle sauver la démocratie?* Seuil.

Epstein, M. (2012). *The transformative humanities: A manifesto*. Bloomsbury Academic.

Facer, K. (2016). Schools must become future-building rather than future-proof, *Entrevista a HundrED*, 13 enero 2016.

Faure, E. et al. (1972). *Apprendre à être*. Unesco/Fayard.

Ferry, G. (1983). *Le trajet de la formation*. Dunod.

Foucault, M. (1994). *Dits et écrits, 1954-1988*. Gallimard.

Freire, P. (1994). *Pedagogia da esperança*. Paz & Terra.

Freire, P. (1998). *Politics and education*. UCLA Latin American Center Publications.

Furter, P. (1966). *Educação e vida*. Vozes.

Greene, M. (1982). Public education and the public space. *Educational Researcher, 11*(6), 4-9.

Gros, B., Kinshuk y Maina, M. (Eds.) (2016). *The future of ubiquitous learning: learning designs for emerging pedagogies*. Springer.

Hargreaves, A. (1994). *Changing teachers, changing times: Teachers' work and culture in the postmodern age*. TCP.

Houssaye, J. (1984). L'esclave pédagogue et ses dialogues, *Éducation et Recherche, 1*, 31-49.

Huberman, M. (1989). *La vie des enseignants: évolution et bilan d'une profession*. Delachaux & Niestlé.

Hutmacher, W. (1981). Préface. In E. Moradpour, *École et jeunesse: esquisse d'une histoire des débats au parlement genevois 1846-1961*. Cahiers du Service de la Recherche Sociologique (nº 14, p. i-xii).

Illich, I. (1971). *Libérer l'avenir*. Seuil.

Illich, I. (1973). *Tools for conviviality*. Harper & Row.

Illich, I. (1974). *La convivencialidad*. Barral.

Innerarity, D. (2011). *O futuro e os seus inimigos*. Teorema.

Jankélévitch, V. (1960). Avec l'âme tout entière, *Bulletin de la Société Française de Philosophie, 54*(1), 55-62.

Jullien, F. (2020). *Politique de la décoïncidence.* L'Herne.

Larrosa, J. (2015). *Tremores: escritos sobre experiência.* Autêntica.

Larrosa, J. (2019). *Esperando no se sabe qué. Sobre el oficio de profesor.* Editorial Candaya.

Latour, B. (2010). *Cogitamus: six lettres sur les humanités scientifiques.* La Découverte.

Latour, B. (2021). *Où suis-je? Leçons du confinement à l'usage des terrestres.* La Découverte.

Maalouf, A. (1999). *As identidades assassinas.* Difel.

Mann, T. (1958). *Montanha mágica.* Edições "Livros do Brasil".

McLuhan, M. (1969). *Os meios de comunicação como extensões do homem.* Cultrix.

Meirieu, P. (2007). *Pédagogie: le devoir de résister.* ESF.

Meirieu, P. (2020). *Ce que l'école peut encore pour la démocratie.* Éditions Autrement.

Milner, J.C. (1995). *L'oeuvre claire.* Seuil.

MIT [Massachusetts Institute of Technology] (2011). *The third revolution: The convergence of the life sciences, physical sciences, and engineering.* MIT White Paper.

Morin, E. (2010). Éloge de la métamorphose, *Le Monde,* 9 enero 2010.

Morin, E. (2011). *La voie: pour l'avenir de l'humanité.* Fayard.

Morin, E. (2013). L'idée de métamorphose dit qu'au fond tout doit changer, *Entrevista a Humanité,* 19 julio 2013.

Morin, E. (2020). *Changeons de voie.* Denoel.

Niza, S. (1997). *Formação cooperada.* Educa.

Niza, S. (2012). *Escritos sobre educação.* Tinta da China.

Nóvoa, A. (2005). *Evidentemente: histórias da educação.* Edições Asa.

Nóvoa, A. (2006). *La construction du modèle scolaire dans l'Europe du SudOuest.* Université de Paris IV-Sorbonne.

Nóvoa, A. (2009). *Professores: imagens do futuro presente*. Educa.

Nóvoa, A. (2017). Firmar a posição como professor, afirmar a profissão docente. *Cadernos de Pesquisa, 47*(166),1106 -1133.

Nóvoa, A. (2020). A metamorfose da escola. *Revista Militar, 2016*, 33-42.

Nóvoa, A. y Alvim, Y. (2021). Covid-19 e o fim da educação: 1870-1920-1970-2020. *Revista História da Educação, 25*, 1-19.

Nóvoa, A. y Alvim, Y. (2022). *Escolas e profesores: proteger, transformar, valorizar*. Instituto Anísio Teixeira.

Nussbaum, M. (2010). *Not for proffit: why democracy needs the humanities*. Princeton University Press.

Opertti, R. (2021). *Ten clues for rethinking curriculum*. Unesco/IBE.

Orsenna, É. (2020). L'unité de la vie. In *Tracts de crise* (pp. 148-155). Gallimard.

Postman, N. (1981). *Enseigner c'est résister*. Le Centurion.

Prost, A. (1985). *Éloge des pédagogues*. Seuil.

Quérini, N. (2016). Deviens ce que tu es. *Les Cahiers Philosophiques de Strasbourg, 40*, 189-213.

Ravitch, D. (2020). *Slaying Goliath: the passionate resistance to privatization and the fight to save America's public schools*. Alfred A. Knopf.

Reboul, O. (1980). *Filosofia da educação*. Companhia Editora Nacional. (2000). *Filosofia da educação*. Edições 70.

Rogers, C. (1973). *Tornar-se pessoa*. Moraes Editores.

Rosa, J. G. (2005). *Primeiras estórias*. Nova Fronteira.

Santos, J. dos (1983). *Ensaios sobre educação II: o falar das letras*. Livros Horizonte.

Sennett, R. (2012). *Together: the rituals, pleasures and politics of cooperation*. Yale University Press.

Serres, M. (1991). *Le tiers-instruit*. François Bourin .

Serres, M. (2012). *Petite poucette*. Le Pommier.

Steiner, G. (1994). *Entretien avec Bruno de Cessole*. Éditions du Centre Georges Pompidou.

Steiner, G. (2005). *Lições dos mestres*. Gradiva.

Steiner, G. (2006). *Le silence des livres*. Arléa.

Steiner, G. (2017). *A long Saturday: conversations*. The University of Chicago Press.

Steiner, G. y Ladjali, C. (2019). *Éloge de la transmission*. Pluriel.

Unesco (2021). *Reimagining our futures together: a new social contract for education*. Unesco.

Urfalino, P. (2021). *Décider ensemble: la fabrique de l'obligation collective*. Seuil.

Valéry, P. (1932). *Discours prononcé à la maison d'éducation de la Légion d'Honneur de Saint-Denis*.

Valéry, P. (1935). *Le bilan de l'intelligence*. Conférence donnée à l'Université des Annales, 16 enero, 1935.

Verger, A., Lubienski, C. y Steiner-Khamsi, G. (Eds.) (2016). *The 2016 World Yearbook on Education: The Global Education Industry*. Routledge.

Viñao Frago, A. (2004). *Escuela para todos*. Marcial Pons Historia.

Weil, S. (1949). *L'enracinement*. Gallimard.

Weil, S. (1966). *Sur la science*. Gallimard.

Zeichner, K. (2012). The turn once again toward practice-based teacher education. *Journal of Teacher Education*, 63(5), 376-382.

Zeichner, K. (2017). *The struggle for the soul of teacher education*. Routledge.

Zweig, S. (2015). *Montaigne*. Mundaréu.

COLECCIÓN "EDUCADORES XXI"

Aquí puede consultar la información de todos
los títulos publicados en esta Colección